新时代青少年国防教育实践探索

庾浣冰　刘水泉　主编

中山大学出版社

·广州·

版权所有　翻印必究

图书在版编目（CIP）数据

热血铸魂：新时代青少年国防教育实践探索／庾浣冰，刘水泉主编．－－广州：中山大学出版社，2025.7.
ISBN 978－7－306－08513－9
Ⅰ.E251－49
中国国家版本馆 CIP 数据核字第 2025WS2104 号

REXUE ZHUHUN: XIN SHIDAI QINGSHAONIAN GUOFANG JIAOYU SHIJIAN TANSUO

| 出 版 人：王天琪
| 策划编辑：张　蕊
| 责任编辑：刘奕宏
| 封面设计：彭　欣
| 责任校对：赵琳倩
| 责任技编：靳晓虹
| 出版发行：中山大学出版社
| 电　　话：编辑部 020－84110283，84113349，84111997，84110779，84110776
　　　　　　发行部 020－84111998，84111981，84111160
| 地　　址：广州市新港西路 135 号
| 邮　　编：510275　　　　　　传　　真：020－84036565
| 网　　址：http://www.zsup.com.cn　　E-mail: zdcbs@mail.sysu.edu.cn
| 印 刷 者：广州一龙印刷有限公司
| 规　　格：787mm×1092mm　1/16　6.75 印张　110 千字
| 版次印次：2025 年 7 月第 1 版　2025 年 7 月第 1 次印刷
| 定　　价：35.00 元

如发现本书因印装质量影响阅读，请与出版社发行部联系调换

编委会

顾　　　问：邓云洲

特约专家：雷鹏俊　李　烜

主　　　编：庾浣冰　刘水泉

编　　　委：马仲培　邓燕强　丘文辉　李志成　杨　铭
　　　　　　陈达翔　陈志华　陈金湖　沈伟锋　郭伯源
　　　　　　赵宝林　骆现强　巢志伟　梁润泉　黄荣桂
　　　　　　黄云青　黄燕红　谢启文　谢柱河　蓝杰涛
　　　　　　谭慧忠　赖陆峰　邹小琼

序　使命召唤

在全球化浪潮汹涌澎湃的当下，国际形势变幻莫测，国家安全正面临着前所未有的严峻挑战。国际政治格局的深度调整、地缘政治冲突的此起彼伏、科技领域的激烈竞争以及非传统安全威胁的日益凸显，都使得国家的生存和发展环境变得更加复杂多变。在这样的时代背景下，国防教育作为国民教育体系中不可或缺的关键部分，其重要性愈发凸显。它不仅与国家的安全和发展大计关联，更与青少年的成长轨迹和未来走向息息相关。与此同时，心理健康、家庭、体育、科技、艺术、品德等方面的教育，也如同支撑青少年全面发展的坚固基石，发挥着至关重要的作用。

在新时代的征程中，培养全面发展的青少年已成为教育的重要使命。我们深刻认识到，青少年是国家的未来、民族的希望，他们的综合素质直接关系到国家的兴衰荣辱。而国防教育正是帮助青少年塑造坚韧品质、培养爱国情怀、增强国家安全意识的重要途径。通过将军事训练、模拟战场、国防知识竞赛等丰富多样的活动融入教育实践，我们旨在让青少年在实践中体验军人的纪律性和责任感，从而有效地锻炼其体魄，提高其心理抗压能力，培育其坚韧不拔的意志和团队协作精神。

本书记录的是广州市从化区河东中学基于这样的时代背景和使命召唤开展的新时代青少年国防教育实践探索。我们致力于通过多元化的教学方法，将国防教育与其他教育内容深度融合，形成一套系统的、全面的教育模式。在这一模式中，我们注重将军人的风格和作风融入课程教学，以强化学生的专注力、毅力等品质，让他们在趣味与挑战中不断成长。

例如，在军事训练方面，要求学生们身着整齐的军装，在烈日下进行队列训练、体能训练等。每一个动作的规范、每一次口号的呐喊，都让他们深刻体会到军人的严谨和自律。在模拟战场活动中，学生们仿佛置身于真实的战争场景，他们需要运用所学的军事知识和技能，与队友紧密配合，制定战略战术，应对各种突发情况。这种身临其境的体验，不仅让他们对国防知识有了更深刻的理解，更培养了他们的团队协作能力和应变能力。而国防知识竞赛则激发了学生们对国防知识的浓厚兴趣和学习热情，他们在竞赛中积极思考、踊跃答题，进一步拓宽了自己的国防视野。

同时，我们也强调科技创新在国防教育中的作用，组织学生参与前沿科技的研究与实践活动。在当今科技飞速发展的时代，现代国防已经离不开高科技的支持。因此，我们在课程设计中融入了更多科技元素，如无人机操作、网络信息安全等。学生们通过学习和实践，了解了无人机在军事侦察、物资运输等方面的应用，掌握了网络信息安全的基本知识和技能。这些科技实践活动不仅培养了学生的创新思维和实践能力，还让他们深刻认识到科技对于国防的重要性。

这种全方位、多角度的教育模式，不仅有助于促进学生的全面发展，让他们在思想道德、科学素养、身心健康等方面得到全面提升，还能营造良好的教育生态。通过与家庭、社会密切合作，整合各方资源，形成教育合力，我们为青少年营造了一个有利于健康成长的良好环境。军人的品质和作风，如同春风化雨，对家庭和社会产生着积极影响，传递着正能量。

在促进学生全面发展方面，将国防教育与其他教育内容相结合，能够培养学生的综合素质。在思想道德方面，国防教育中的爱国主义精神和革命英雄主义精神能够引导学生树立正确的世界观、人生观和价值观，培养他们的社会责任感和使命感。在科学文化方面，科技元素的融入让学生在学习国防知识的同时，也拓宽了自己的科学视野，提高了自己的文化素养。在身心健康方面，军事训练和体育活动能够增强学生的体质，培养他们的毅力和耐力；而心理健康教育和团队合作活动则有助于提高学生的心理素质，增强他们的沟通能力和人际交往能力。军人风格和军人作风的融入，能进一步强化学生的专注力、毅力，让他们在学习和生活中更加专注、更加坚韧。

在营造良好教育生态方面，我们积极与家庭、社会合作。学校定期组织家长参与国防教育活动，让家长了解学校的教育理念和教学方法，同时也让家长感受到国防教育对孩子成长的重要性。通过家校合作，我们构建了家庭教育与学校教育的良性互动。此外，我们还与社会各界建立了广泛的联系，邀请退役军人、军事专家到学校开展讲座，分享实战经验，让学生们能够接触到最真实的国防信息。这些合作不仅整合了各方资源，形成了教育合力，还为学生的成长提供了更加广阔的空间和平台。

此外，我们的国防教育实践探索还具有推动教育改革与发展的重要意义。通过积极探索国防教育与多学科融合的创新模式，特别是将军人风格融入教学实践，我们为教育改革提供了新的思路和新方法。在传统的教学模式中，各学科之间往往存在一定的壁垒，而我们的国防教育实践探索打破了这种壁垒，实现了学科之间的有机融合。例如，在历史教学中，我们结合国防历史，让学生了解国家的发展历程和国防建设的重要性；在地理教学中，我们介绍国家的地理环境和战略地位，增强学生的国防意识。这种创新模式不仅促进了学校教育教学质量的提升，还为培养更多德、智、体、美、劳全面发展的优秀青少年奠定了坚实基础。

值得一提的是，我们的国防教育实践探索并非孤立进行的，而是积极与周边学校开展交流与合作，共同推动教育事业的发展。通过与怀集县第一中学、广州英豪学校、韶关始兴县顿岗中学、从化博大学校、广州南洋理工职业学院军政教导大队等学校与部门建立紧密的合作关系，我们实现了资源共享、师资互派、联合活动等目标。我们定期与这些学校举办教育研讨会，交流教学经验和心得，共同探讨如何更好地推进教育内容的融合与创新，并将军人风格的培养融入其中。同时，我们还邀请这些学校的教师和学生到我校参观学习和参加实践活动，让他们亲身感受我校教育的魅力。通过这些交流与合作，我们不仅扩大了国防教育的影响力，还为推动区域教育的发展做出了积极贡献。

本书所记录的，正是我们在新时代青少年国防教育实践探索中总结出的宝贵经验和深刻感悟。我们希望通过分享这些内容，激发更多教育工作者对国防教育的关注和热情，共同为培养担当民族复兴大任的时代新人贡献力量。同时，我们也期待广大青少年能够从中汲取力量，树立保卫国家的崇高理想，将个人的成长与国家的命运紧密相连，在未来的学习和生活中展现出更加坚定的信念和更加积极的态度。

使命在肩，责无旁贷。在全球化和信息化的时代背景下，国家安全面临着诸多新的挑战和机遇。青少年作为国家的未来和希望，他们的国防意识和综合素质直接关系到国家的长治久安和繁荣发展。因此，加强青少年的国防教育，培养他们的爱国情怀、责任意识和担当精神，是我们每一位教育工作者义不容辞的责任。让我们携手共进，以热血铸魂，为新时代青少年的全面发展贡献智慧和力量！相信在我们的共同努力下，新时代的青少年一定能够成为有理想、有道德、有文化、有纪律的社会主义建设者和接班人，为实现中华民族伟大复兴的中国梦贡献自己的力量！

由于水平有限，书中难免出现谬误之处，敬请谅解。

刘水泉

2024 年 5 月

目　　录

第一章　国防教育新图景 ··· 1
第一节　国防教育的范式转型：从"知识灌输"到"素养培育" ·· 2
第二节　校本化实践：构建"三位一体"国防教育生态 ············ 4
第三节　课程目标解码：家国情怀、国防素养、跨学科综合素养相融合 ·· 6

第二章　课程架构与创新基因 ··· 9
第一节　三维课程矩阵：新时代青少年国防教育的创新架构 ······ 10
第二节　学科融合新范式：多维度培育新时代青少年综合能力 ··· 14
第三节　资源生态链构建：新时代青少年国防教育的坚实支撑 ··· 19

第三章　教学创新与师资锻造 ··· 23
第一节　双师型师资团队：国防教育的中坚力量 ························ 24
第二节　场景化教学改革：国防教育的创新引擎 ························ 27
第三节　学生参与机制：社团组织与合作探究 ··························· 31

第四章　成长叙事和实证图谱 ··· 33
第一节　蜕变故事：国防教育下的成长华章 ······························ 34
第二节　影响力评估：国防教育绽放的璀璨光芒 ························ 37
第三节　数据成果：学生综合素质提升的实证彰显 ·················· 39

第五章　特色实践和品牌沉淀 ··· 41
第一节　河东中学国防教育活动回溯 ······································ 42

第二节　军事训练、国旗护卫队与国防教育社团实践探索 ……… 44
第三节　家校合作，共育军人风格 …………………………………… 46
第四节　与社区及企业的综合实践 …………………………………… 47
第五节　与其他学校对接的综合实践 ………………………………… 48

第六章　破局之路：挑战与应对 ………………………………………… 51
第一节　挑战：课程推进中的难点 …………………………………… 52
第二节　应对：构建国防教育新生态 ………………………………… 53

第七章　辐射效应与社会价值 …………………………………………… 59
第一节　区域示范作用：带动周边学校全面发展 …………………… 60
第二节　军民融合新场景：共筑国防教育新篇章 …………………… 62
第三节　精神传承长效机制：铸就青少年全面发展之魂 …………… 64

第八章　未来图景，智能时代的国防教育 ……………………………… 67
第一节　技术赋能方向：开启智能时代国防教育新征程 …………… 68
第二节　生态化构建：拓展智能时代国防教育新维度 ……………… 71
第三节　人才培育愿景：塑造全面发展的新时代栋梁 ……………… 74

附录 ………………………………………………………………………… 77
附录一　《中华人民共和国国防教育法》要点 ……………………… 78
附录二　河东中学学生成长档案精选 ………………………………… 80
附录三　河东中学的共建模式 ………………………………………… 84
附录四　河东中学国防教育特色课程活动剪影与校园文化建设
　　　　 …………………………………………………………………… 87

后记　让教育成为照亮学生成长道路的灯塔 …………………………… 95

第一章

国防教育新图景

第一节 国防教育的范式转型：
从"知识灌输"到"素养培育"

随着时代的发展，教育理念如同奔腾不息的河流，不断更新迭代。当下，国防教育与心理健康、家庭、体育、科技、艺术、品德等教育分支的融合，已成为教育改革的重要趋势，这恰似一幅绚丽多彩的教育新图景正徐徐展开。

国防教育与这些教育分支之间相互关联、相互促进，共同构成了促进学生全面发展的教育体系。心理健康教育能为学生打下坚实的心理基础，使他们在面对国防教育中的挑战和压力时，保持积极、乐观的心态，坚韧不拔地克服困难。家庭教育则是学生成长的摇篮，良好的家庭氛围和正确的教育观念，能够培养学生对国家和民族的责任感，奠定国防教育的情感根基。体育不仅能增强学生的体质，更能培养他们的团队协作精神和竞争意识，这与国防教育中强调的集体主义和战斗意志不谋而合。科技教育能让学生接触到前沿的知识和技术，为现代国防教育注入创新的活力，使学生明白科技在国防领域的重要性。艺术教育则能激发学生的创造力和想象力，培养他们的审美情趣，使他们在国防教育中能够以更加多元的视角去理解和感受艺术。德育则是整个教育体系的灵魂，它能引导学生树立正确的价值观和道德观，为国防教育提供精神指引。

军人风格的融入，进一步丰富了这一融合趋势，为培养全面发展的人才提供了更有力的支撑。军人的严谨作风、坚韧意志、高度纪律性和团队协作精神，如同璀璨的星光，照亮了学生们成长的道路。在国防教育中融入军人风格，能够让学生在日常的学习和生活中，形成严谨、认真的态度，对待每一项任务都一丝不苟；拥有坚韧不拔的意志，在面对困难和挫折时不轻言放弃；增强纪律意识，自觉遵守学校的规章制度和社会的法律法规；学会与他人合作，发挥团队的最大力量。

采取这样的教育模式后，我们看到了一系列令人欣喜的成果。学生们不仅在学习方面进步显著,他们的实际应用能力和创新精神也得到大幅提升。在各种竞赛中,他们屡获佳绩。这些成绩并非赛制宽松的产物,而是学校教育改革和全面发展理念所获成效的直接体现。在科技创新竞赛中,学生们运用所学的科技知识和国防理念,设计出具有创新性和实用性的作品;在体育竞赛中,他们凭借坚韧的意志和团队协作精神,取得了优异的成绩;在文化艺术竞赛中,他们以独特的视角和丰富的创造力,展现出对国家和民族的热爱。

这种教育模式也为其他学校提供了宝贵的经验,推动了整个区域教育质量的提升。该模式的提出让其他学校认识到,国防教育不应仅仅局限于知识的传授,更应注重对学生素养的培育。将国防教育与其他教育内容相融合,能够激发学生的学习兴趣和潜能,培养他们的综合素质。其他学校纷纷借鉴这种教育模式,结合自身的实际情况进行创新和实践,形成了各具特色的国防教育新范式。

第二节 校本化实践：构建"三位一体"国防教育生态

培养全面发展的高素质人才是众多学校的办学目标。在这一宏大目标的指引下，培养学生的综合素质成为教育工作的核心任务。在国家大力倡导学生全面发展的时代背景下，国防教育被众多学校视为核心教育内容，与其他教育内容相互融合，共同构成了学校教育的重要组成部分。这种融合并非简单的拼凑，而是经过精心设计与规划，旨在通过全方位、多层次的教育实践，培养学生的国防意识和国家安全观念，全面提升学生的综合素质。

其中，借助军人风格培养学生的专注力、坚强作风和军魂精神，成为国防教育融合实践中的一大亮点。军人所具备的严谨、坚韧、忠诚等品质，是学生在成长过程中需要汲取的宝贵精神养分。通过将国防教育与其他教育内容融合并贯穿于学校教育教学的全过程，学校为学生搭建了一个广阔而坚实的成长平台。

一些学校通过开展国防教育特色课程，成功地将传统学科教育与国防教育紧密结合，形成了一套独特而高效的教学体系。例如，在数学教学中引入军事测绘学的内容，让学生们在学习数学知识的同时，了解数学在军事领域的实际应用，感受数学的魅力和价值；在物理课上探索军事装备的科学原理，激发学生们对物理学科的兴趣，培养他们的科学思维和创新能力；在语文课上分析军事相关的文学作品，让学生们从文学的角度感受战争的残酷与和平的珍贵，培养他们的文学素养和人文情怀；在历史课上深入讲解军事历史事件，让学生们从历史的长河中汲取经验教训，增强他们的历史使命感和责任感。

这种独特的教学体系，不仅让学生们掌握了扎实的专业知识，更让他们深刻感受到开展国防教育的现实意义与深远影响。至此，国防教育不再是抽象的概念，而是与学生的学习、生活紧密相连，成为他们成长道路上的重要指引。

随着2024年修订的《中华人民共和国国防教育法》的颁布，学校的教育模式得到了进一步的强化和革新。学校积极响应新法要求，调整和完善了国防教育体系，确保教育内容与兵役宣传教育相匹配。通过深入宣传依法服兵役的重要性，让学生们明白兵役制度是国家的一项重要制度，遵守兵役制度是公民应尽的义务和责任。学校通过举办讲座、开展主题班会等形式，让学生们了解兵役政策、服役待遇等相关信息，激发他们的参军热情。

此外，学校还积极与地方政府及军方合作，共同制定学生军事训练大纲。这种合作模式整合了各方资源，充分发挥了地方政府和军方的专业优势。学校按照新标准施训，确保学生在军事训练中学到实用的军事技能和知识。在军事训练的过程中，学生们不仅锻炼了体魄，更培养了坚韧不拔的意志品质和团队协作精神。他们学会了服从命令、遵守纪律，懂得了责任与担当的重要性。

在社会国防教育方面，学校也积极履行社会责任，参与并组织群众性国防教育活动，利用重大节日、纪念日等时机，广泛宣传国防教育的重要性。一方面，学校通过举办国防知识竞赛、国防教育展览等活动，吸引社会各界的关注，努力让关心国防、热爱国防成为社会共识。另一方面，学校还鼓励学生走出校园，参与社区国防教育活动，向社区居民宣传国防知识、传播国防理念，努力促使全社会形成共同关注国防、支持国防的良好氛围。

"三位一体"的国防教育生态构建，即学校、家庭、社会三方协同合作，共同推进国防教育。学校作为教育的主阵地，承担着系统传授国防知识和技能的重任；家庭作为学生成长的第一课堂，应营造良好的国防教育氛围，培养孩子的爱国情怀和责任感；社会则为学生提供广阔的实践平台，通过各种国防教育活动，让学生在实践中深化对国防的认识和理解。

学校通过校本化实践构建"三位一体"的国防教育生态，为新时代青少年的成长奠定了坚实的基础。学生们在国防教育的熏陶下，不仅练就了扎实的专业知识和技能，更拥有了坚定的信念、坚强的意志和强烈的社会责任感。他们将成为未来社会的栋梁之材，为国家的繁荣富强和民族的伟大复兴贡献自己的力量。

第三节　课程目标解码：家国情怀、国防素养、跨学科综合素养相融合

如今，培养兼具家国情怀、国防素养与跨学科综合素养的新时代青年，已成为教育领域的重要使命。这一使命的达成，离不开精心设计的课程体系，它如同坚实的基石，支撑着青少年全面成长的宏伟大厦。在我校的课程体系中，培养学生的家国情怀被置于核心位置，即通过融合中华优秀传统文化，培育学生深厚的爱国情感与强烈的民族自豪感。

中华优秀传统文化源远流长、博大精深，蕴含着丰富的家国情怀元素。我校课程体系巧妙地融入了历史、文化、政治等多方面内容，让学生在深入学习中华优秀传统文化的过程中，深刻领悟其在涵育爱国情怀中的重要意义。从历史的长河中，学生们了解到先辈们为了国家的独立、民族的尊严，不惜抛头颅、洒热血，用生命谱写了一曲曲壮丽的爱国赞歌。这些历史故事如同璀璨的星辰，照亮了学生们的心灵，也让他们明白国家的繁荣昌盛来之不易，从而激发他们内心深处的爱国之情。

文化内容方面，课程引导学生领略中华文化的博大精深，感受诗词歌赋中蕴含的爱国情怀，欣赏传统艺术中展现的民族精神。政治内容方面，课程引导学生们了解国家的发展历程、政治制度以及不同阶段的国际形势，使他们明白国家的稳定与发展同每个人息息相关。通过接受这样的教育，学生们逐渐树立起正确的国家观和民族观，将个人的命运与国家的命运紧密相连，激发出强烈的担当精神和使命感。

国防教育与爱国主义教育的紧密结合，是我校课程体系的一大特色。我们深知，国防是国家生存与发展的安全保障，而爱国主义则是国防教育的灵魂。通过学习国防教育课程，学生们能了解到国家的国防历史、国防政策和国防科技等方面的知识，认识到国防事业的重要性以及自己肩负的责任。同时，学校结合爱国主义教育，引导学生树立正确的世界观、价值观和人生观，培养他们的社会责任感和奉献精神。目的是让学生们明白，

只有国家强大了，个人才能有更好的发展；只有每个人都为国家的国防事业贡献自己的力量，国家才能更加繁荣昌盛。

这一课程体系的目标，不仅仅是培养学生的家国情怀和国防素养，更重要的是提高他们的跨学科综合素养。在国防教育课程的学习和实践过程中，学生们需要运用多学科的知识和方法来解决问题。例如，在学习军事战略时，学生需要运用到历史、地理、政治等学科的知识，分析战争的背景、原因和影响；在进行军事科技探究时，学生需要运用到物理、化学、数学等学科的知识，探索军事装备的原理和性能。通过这种跨学科的学习方式，不仅提高了学生们的学科素养，还培养了他们综合运用知识的能力和创新思维。

同时，课程体系还注重融合其他教育内容，全面提高学生的综合素质。例如，在心理健康方面，通过国防教育中的团队合作和挑战训练，提高学生的心理承受能力和应对挫折的能力，让他们在面对困难和压力时能够保持乐观、积极的心态；在家庭教育意识方面，引导学生理解家庭的重要性，培养他们的家庭责任感和亲情观念；在体育素养方面，通过军事训练和体育活动，增强学生的体质，培养他们的团队协作精神和竞争意识；在科技应用能力方面，让学生了解军事科技的发展趋势，激发他们对科技的兴趣和热爱，提高他们的科学素养和创新能力；在艺术审美素养方面，引导学生欣赏军事题材的艺术作品，培养他们的审美能力和创造力；在道德品质方面，通过讲述国防教育中的英雄事迹和道德规范教育，培养学生诚实守信、勇敢坚毅、乐于奉献等优秀品质。

军人风格的培养也是课程体系的重要组成部分。军人具有专注、坚毅、服从命令等精神品质，是学生们成长过程中需要学习的榜样。国防教育课程通过模拟军事训练、军事化管理等方式，让学生们亲身体验军人的生活和训练方式，培养他们的专注力和坚毅精神。让学生们学会在面对困难和挑战时，不轻易放弃，能够坚持不懈地追求自己的目标。

通过这样全面、系统的课程体系，我们努力培养出既具有深厚家国情怀，又具备跨学科综合素养的新时代青年。他们将成为国家的栋梁之材，在未来的社会中发挥重要作用，为国家的繁荣富强和民族的伟大复兴贡献自己的力量。

第二章

课程架构与创新基因

第一节　三维课程矩阵：新时代青少年国防教育的创新架构

构建一套科学、全面且富有创新性的课程矩阵，是培养具有家国情怀、国防素养和跨学科综合素养的新时代青年的关键所在。我校构建的课程矩阵以国防教育为核心，巧妙融合多学科知识，形成了一个涵盖课程框架、实践活动、个性化发展的三维立体的教育架构，为青少年的成长与发展提供了坚实的支撑。

一、课程框架：多元融合，全面发展

我校特色课程框架突破了传统国防教育的局限，不再局限于军事理论和军事技能的传授，而是以实现多种教育内容的融合为目标。除了传统的军事理论课程和军事技能训练外，心理健康教育课程也被纳入其中。在当今社会，青少年面临的各种压力和挑战逐渐增加，心理健康问题也日益凸显。我校通过开设心理健康教育课程，帮助学生建立积极的心理状态，提高他们应对挫折和压力的能力，使他们在面对困难和挑战时能够保持乐观、坚强的心态。

家庭是孩子成长的第一课堂，家庭责任感的培养对于孩子的未来发展至关重要。家庭教育主题班会也是我校特色课程框架的重要组成部分。我校通过开展家庭教育主题班会，引导学生理解家庭责任，学会关心家人、尊重长辈，培养他们的家庭观念和亲情意识。

健康的体魄是学习和生活的基础。体育专项训练的设置旨在增强学生的体质，提高学生的体能素养。我校通过开展体育专项训练，如跑步、打篮球、游泳等，提高学生的身体素质和运动能力，培养他们的毅力和坚韧精神。

在科技飞速发展的时代，创新能力是青少年必备的素养之一。我校开设的科技探索课程着重培养学生的创新精神。我校通过开设科技探索课程，引导学生了解前沿科技知识，参与科技创新实践活动，从而激发他们的创新思维和创造力。

艺术是人类文明的瑰宝。艺术鉴赏课程的开设有助于提升学生的审美水平。我校通过引导学生欣赏音乐、绘画、舞蹈等艺术作品，培养他们的审美情趣和艺术鉴赏能力，丰富他们的精神世界。

德育是教育的灵魂。德育课程的融入致力于塑造学生良好的道德品质。我校通过开设德育课程，引导学生树立正确的世界观、人生观和价值观，培养他们的社会责任感和公民意识。

在我校特色课程框架中，军人风格的训练贯穿教育始终。规范坐姿、站姿的训练看似简单，实则能培养学生的专注力。在日复一日的训练中，学生逐渐形成认真、严谨的态度，学习的效率和质量也得到提升。我校将军人的毅力作为训练要求，通过各种艰苦的训练项目，如长跑、负重训练等，培养学生的坚强品格，使他们在面对困难和挫折时能够坚持不懈、勇往直前。拳术训练不仅锻炼了学生的身体，强健了他们的筋骨，更培养了他们坚韧的意志品质。同时，拳术训练中的团队协作和纪律要求有助于打造学生的军魂，让他们具备军人的纪律性和团队精神。

二、实践活动：团队协作，强化责任

实践活动是课程矩阵的重要组成部分，它为学生提供了将所学知识应用于实际的机会。模拟军事演习和团队建设活动是实践活动的两种主要形式。在模拟军事演习中，学生需要按照军事要求进行战术部署、协同作战，这不仅能让他们体会到纪律的重要性，还能让他们在实际行动中学会合作与指挥。团队建设活动，如拔河比赛、接力赛等，能培养学生的团队协作精神和领导能力，让他们在合作中学会相互支持、相互信任。

志愿服务活动也是实践活动的重要内容。学校鼓励学生将所学知识运用于社会服务中，如多在课余参与社区国防教育宣传、关爱退役军人等活动。这些活动能进一步强化学生的社会责任感与实践能力，让他们明白自己不仅是知识的接受者，更是社会的贡献者。

三、个性化发展：尊重差异，激发潜能

每个学生都有自己独特的个性和兴趣，尊重学生的个体差异和兴趣是课程矩阵的重要原则之一。学校鼓励学生根据自己的特长和兴趣选择不同的课程，实现个性化发展。例如，有艺术天赋的学生可以选择修读艺术类课程，如绘画、音乐、舞蹈等，通过系统的学习和训练，发挥自己的艺术特长，培养自己的艺术素养。而对科技创新感兴趣的学生则可以修读科技探索课程，如机器人编程、航模制作等，在科技创新的领域中探索未知、挑战自我。

通过这种差异化教育，学校不仅提升了学生的专业技能，更培养了他们对知识的热爱和对学习的积极态度。学生在自己感兴趣的领域中能够充分发挥自己的潜能，获得成就感和自信心，从而更加主动地投入学习中。

四、评估改进：与时俱进，满足需求

为了确保课程矩阵的有效性和适应性，学校不断评估和改进课程体系。通过定期收集学生的反馈意见，了解他们对课程的满意度和需求，根据反馈结果及时调整课程内容和教学方法。同时，关注社会发展的需求和趋势，将新的教育理念和技术融入课程中，使课程体系与时俱进。

课程体系中还包括定期的国防知识竞赛和主题演讲。国防知识竞赛激发了学生主动学习的热情，让他们在竞赛中加深对国防知识的理解和掌握。主题演讲则为学生提供了一个展示观点和提升表达能力的平台。通过演讲，学生提高了自己的语言表达能力，还增强了对国防教育的认同感和责任感。

学校还与本地驻军单位合作，安排学生参观军营，实地体验军人生活。在军营中，学生目睹了军人的日常训练和生活情况，感受到了军人的严谨作风和奉献精神。这种实地体验进一步增强了国防教育的现实感和吸引力，让学生更加深刻地认识到国防事业的重要性。

此外，学校还通过开设军事历史课程，让学生深入学习历史上的重大

战役和英雄人物。从古代的岳飞、文天祥到近代的林则徐、邓世昌，再到现代的英雄烈士，他们的英勇事迹和爱国精神激励着学生们。学生通过学习军事历史，从中汲取力量，培养自己的爱国情怀和民族自豪感。

　　三维课程矩阵为新时代青少年国防教育提供了一种创新的架构和实践模式。它以国防教育为核心，融合多学科知识，通过实践活动、个性化发展和评估改进等环节，全面培养学生的家国情怀、国防素养和跨学科综合素养。

第二节 学科融合新范式：多维度培育新时代青少年综合能力

当前，我校在国防教育特色课程中正积极探索跨学科融合的新范式，旨在从多个维度全面培养学生的综合能力。这种融合并非简单的拼凑，而是深度的协同创新，将国防教育与其他学科有机结合，形成一股强大的教育合力，为青少年的成长与发展注入源源不断的动力。

一、心理与国防融合：铸就坚韧心灵

心理健康教育与国防教育的融合，如同为学生的心灵穿上了一层坚韧的铠甲。在国防教育的严格训练中，学生面临着各种挑战和压力，这正是培养他们良好心理素质的绝佳机会。通过模拟军事演习中的艰难情境，让学生在面对困难和挫折时学会调整心态，保持积极、乐观的态度。例如，在长途行军训练中，学生可能会感到疲惫不堪，但正是这种困境，让他们学会了坚持和忍耐，培养了顽强的意志品质。

同时，国防教育中的团队合作项目也能促进学生的心理健康。在团队中，学生需要相互支持、相互鼓励，共同克服困难。这种团队氛围有助于缓解学生的孤独感和焦虑情绪，增强他们的归属感和自信心。通过心理健康教育与国防教育的深度融合，学生能够更好地应对生活中的各种挑战，保持心理健康和情绪稳定。

二、家庭与国防结合：厚植家国情怀

家庭教育与国防教育的结合，能够让学生深刻明白家国情怀与家庭责任之间的紧密联系。家庭是社会的细胞，是落实基层社会治理的"神经末梢"和最小单元。家庭和睦是社会稳定和谐的基础，家庭教育肩负着

培养担当民族复兴大任的时代新人的历史使命，家风是社会风气的重要组成部分。我校在国防教育中，引导学生理解家庭是国家的基石，每个家庭的幸福与国家的繁荣息息相关。通过开展家庭国防教育活动，如亲子军事体验、家庭国防知识竞赛等，让学生在与家人的互动中增强对国家的认同感和责任感。同时，鼓励家长以身作则，传承良好的家风家训，培养学生的家庭责任感和社会公德心。让学生在家庭中学会关爱他人、尊重长辈，并将这种家庭美德延伸到对国家的热爱和忠诚上，从而厚植家国情怀。

三、体育与国防结合：强健体魄意志

体育教育与国防教育的结合，是提高学生身体素质和巩固战斗意志的重要途径。体育训练不仅能够增强学生的体质，还能培养他们的毅力和团队精神。在国防教育的军事训练中，各种体能训练项目，如跑步、俯卧撑、障碍跨越等，都是对学生身体素质的严峻考验。经过这些训练，学生的耐力、力量、速度和灵敏度都得到了显著提高。

同时，军事训练中的战斗意志培养也至关重要。在模拟战斗场景中，学生需要克服恐惧、勇往直前，在这个过程中能够培养学生坚韧不拔的战斗意志。例如，在进行擒拿格斗训练时，学生不仅要掌握技术动作，更要具备敢于拼搏、勇争胜利的精神。体育教育与国防教育的有机结合，促使学生拥有强健的体魄和顽强的战斗意志，为未来的发展打下坚实的基础。

四、科技与国防融合：拓展创新视野

科技教育与国防教育的融合，为学生拓展了科技视野和创新思维。在当今科技飞速发展的时代，国防科技日新月异，了解科技在国防领域的应用对于培养学生的科学素养和创新精神具有重要意义。我校通过开设科技探索课程，让学生了解无人机、人工智能、网络安全等前沿科技在国防中的应用，激发他们对科技的兴趣和热爱。

同时，我校还积极组织学生参与科技创新实践活动，如科技小发明、机器人编程等，让学生在实践中锻炼自己的创新能力和动手能力。在国防教育的背景下，学生能够更加深刻地认识到科技对于国家安全和发展的重要性，从而更加努力地学习科学知识，为国家的科技进步和国防建设贡献自己的力量。

五、艺术与国防融合：抒发爱国之情

艺术教育与国防教育的融合，为学生提供了以艺术形式表达对国家热爱的平台。艺术是人类情感的表达方式。通过音乐、绘画、舞蹈等艺术形式，学生能够更加深刻地感受国防教育的内涵，更好地抒发自己的爱国之情。

例如，我校组织学生创作以国防为主题的音乐作品、绘画作品和舞蹈作品，让他们在创作过程中深入了解国防历史、英雄事迹和国防精神。并通过艺术展览、文艺演出等形式，展示学生的艺术作品，让更多的人感受到艺术的魅力和国防教育的重要性。艺术教育与国防教育的融合，不仅能够提高学生的艺术素养，还能增强他们的爱国之情和民族自豪感。

六、德育与国防融合：塑造正确观念

品德教育与国防教育的融合，是引导学生树立正确价值观和道德观念的关键。国防教育蕴含着丰富的德育资源，如爱国主义、集体主义、革命英雄主义等。我校通过国防教育，引导学生树立正确的世界观、人生观和价值观，培养他们的社会责任感和公民意识。

在国防教育的实践活动中，我校注重培养学生的道德品质和行为习惯。例如，在军事训练中，要求学生遵守纪律、尊重他人、团结协作，培养他们的自律意识和团队精神。品德教育与国防教育的深度融合，有利于推动学生成为有理想、有道德、有文化、有纪律的社会主义建设者和接班人。

七、军人风格引领与安全教育强化

在学科融合过程中以军人风格为指导，为学生的成长注入了强大的精神动力。首先，在军事训练和日常活动中，我校要求学生以军人的标准规范坐姿、站姿，培养专注力。这种看似简单的训练，实则能够让学生形成认真、严谨的态度，提高学习的效率和质量。其次，将军人的毅力品质融入各项训练和活动中，培养学生的坚强作风。让他们无论是面对体能训练的艰辛，还是学习上的困难，都能以坚韧不拔的毅力去克服。最后，通过拳术等体能训练，磨炼学生意志，打造军魂。让学生在一次次的挥拳、踢腿中，感受到军人的力量和勇气，从而磨炼自己的意志，厚植爱国情怀。

国防教育特色课程还特别强调了安全教育的重要性。国防教育不仅仅局限于课堂和校园，我校还定期组织学生参与野外生存训练和紧急疏散演习，以应对可能发生的紧急情况。在野外生存训练中，学生学习到了搭建帐篷、寻找水源、辨别方向等生存技能，提高了自己在恶劣环境下的生存能力。紧急疏散演习则让学生熟悉了应急逃生的路线和方法，增强了自我保护的意识。

八、国际视野拓展与全球使命培养

在强化国防教育的同时，我们还注重培养学生的国际视野和全球责任感。我校定期与国外教育机构合作，开展学生交流项目，让学生有机会了解不同国家的国防文化和安全挑战。通过与国外学生进行交流和互动，学生能够拓宽自己的视野，了解不同国家的政治制度、文化背景和国防理念。这种国际交流不仅能够提升学生的外语水平和跨文化交流能力，还能让他们更加深刻地认识到全球安全问题的复杂性和紧迫性，从而提升他们对国际事务的关注度和责任感，激励他们为维护世界和平与发展贡献自己的力量。

此外，我校还通过模拟联合国等活动，引导学生从国际视角出发思考国防问题。在模拟联合国的活动中，学生扮演不同国家的代表，就国际安全、军事合作等问题进行讨论和协商。通过这种活动，学生能够了解国际形势和国防动态，培养国际视野和战略思维能力，从而成为具有全球责任感的时代新人。

学科融合新范式为新时代青少年国防教育开辟了一条崭新的道路。通过多维度培养学生的综合能力，让学生在心理健康、家庭观念、体育、科技、艺术、品德等方面都得到全面发展。同时，以军人风格为引领，强化安全教育和国际视野培养，为国家培养出具备全面素质、具有全球视野和全球责任感的未来公民。

第三节　资源生态链构建：新时代青少年国防教育的坚实支撑

在新时代青少年国防教育的征程中，构建一条完善的资源生态链至关重要。这一条生态链犹如一张紧密交织的大网，有机整合了各种教育资源，为国防教育特色课程的开展提供了全方位的支撑，让青少年在丰富的教育资源的滋养下茁壮成长，铸就热血军魂。

一、校本教材：知识融合的智慧结晶

为了更好地开展国防教育特色课程，编写校本教材成为首要任务。校本教材宛如一座知识的宝库，涵盖了多个领域的内容：国防政策方面，深入解读国家的国防战略和方针，让学生了解国防对于国家安全和发展的重要意义；军事历史部分，通过讲述古今中外的重大战役和英雄事迹，激发学生的爱国热情和民族自豪感；军事科技板块，介绍现代军事装备和技术的发展，拓宽学生的科技视野。

同时，教材还融入了其他多方面知识：融入了心理健康教育方法，帮助学生在面对学习和生活中的压力时保持积极、乐观的心态；融入了家庭关系知识，引导学生理解家庭的重要性，培养良好的家庭观念；融入了体育锻炼方法，为学生提供科学的健身指导，帮助他们增强体质；融入了科技前沿知识，让学生了解科技发展的最新动态；融入了艺术鉴赏要点，提升学生的审美水平；融入了道德规范准则，帮助学生塑造正确的价值观和道德观念……学校校本教材是知识融合的智慧结晶，为国防教育提供了系统、全面的教学内容。

二、资源整合：多元力量的协同汇聚

在资源整合方面，学校充分发挥内外部资源的优势，形成强大的教育合力，通过邀请驻地部队官兵、国防教育专家、心理健康教育专家、家庭教育指导师、体育教练、艺术教师、德育工作者等来校授课，为学生带来丰富多样的知识和经验。例如，驻地部队官兵以其亲身经历，向学生讲述军人的生活和使命，传授军事技能，弘扬军人作风；国防教育专家从宏观层面解读当前国防形势和战略，提升学生的国防意识；心理健康教育专家则帮助学生解决心理问题，培养健康的心理素质。

学校还充分利用博物馆、纪念馆、科技馆、图书馆等资源拓展教育教学。博物馆和纪念馆的深厚底蕴让学生亲身感受到历史的厚重和文化的传承；科技馆新颖的展品则让学生接触到前沿的科技成果，激发他们对科学的兴趣；图书馆丰富的藏书为学生提供了自主学习的广阔空间。在资源整合的过程中，学校将军人文化元素巧妙地融入其中。请驻地部队官兵示范规范的坐姿、站姿，让学生体会到军人的严谨和自律；传授军人坚韧作风的建设方法，培养学生的毅力和勇气；展示具有军人力量的拳术，让学生感受到军人雷厉风行的作风。

三、军事体验营：实战模拟的历练平台

学校设立了军事体验营，邀请现役军人指导学生进行军事训练和战术演练。军事体验营就像一个小型的军事基地，学生们在这里穿上军装，体验真正的军事生活。在训练中，学生们学习队列动作、枪械使用、战术配合等技能，严格按照军人的标准要求自己。经过一次次的训练和演练，学生们不仅提高了身体素质，更培养了纪律性和团队协作精神。

在战术演练中，学生们需要运用所学的知识和技能，完成各种任务。这种实战模拟的历练让学生们深刻体会到军事行动的复杂性和重要性，增强了他们的国防意识和责任感。同时，军事体验营也为学生提供了一个与军人近距离接触的机会，让他们更加直观地感受军人的品格和精神。

四、家校合作：共育国防人才的坚实支撑

学校特别重视家校合作，会定期举行家长开放日和国防教育讲座。家长开放日让家长走进校园，亲身感受学校的国防教育氛围，了解孩子的学习和生活情况。国防教育讲座则向家长普及国防知识，让家长认识到国防教育的重要性，鼓励家长与学校共同营造支持孩子投身国防事业的良好氛围。

家校合作能促使家长更好地配合学校的教育工作，在日常生活中引导孩子树立正确的国防观念。例如，家长可以与孩子一起观看国防题材的电影、书籍，讨论国防问题，培养孩子的爱国情感。家校合作形成了教育合力，为培养国防人才奠定了坚实的基础。

五、教师培训：专业成长的有力保障

为了确保国防教育课程的质量和效果，学校特别注重对教师的培训。学校定期组织教师参加国防教育研讨会和实地考察活动，让教师不断更新教育理念，提升专业知识水平。在国防教育研讨会上，教师们可以与其他学校的教师交流经验，分享教学成果；实地考察活动则让教师亲身体验军事生活，了解国防设施，增强对国防教育的感性认识。

经过培训，教师们自身的国防意识和专业能力得到了显著提升。他们能够将国防教育更好地融入日常教学，并采用多样化的教学方法和手段激发学生的学习兴趣。教师的专业成长为国防教育课程的实施提供了有力保障。

六、多元合作：拓展教育视野的有效途径

为了进一步强化国防教育，学校与军事院校建立了合作关系，定期组织学生参观军事设施和进行实弹射击体验。军事院校的先进设施和专业指导让学生更深刻地感受到军事科技进步和国防现代化的重要性。实弹射击

体验则让学生亲身体会到武器的威力和军事行动的严谨性。

同时,学校还开展了国防知识竞赛和征文活动,激发学生对国防科学的兴趣和爱国热情。学生们在竞赛和征文活动中积极思考、踊跃参与,展现出了对国防教育的深刻理解和热爱。此外,学校积极推广航天知识,与航天工程大学展开合作,让学生们得以近距离了解航天科技,感受太空探索的奥秘。此外,还有杰出校友回到母校分享航天经历,激励学生追求科学梦想。

学校与军事博物馆、科技馆等合作,让学生有机会亲手"触摸"历史,与现代国防技术亲密接触。学校也会定期邀请航天领域的专家来校开展讲座,分享最新的航天探索成果,让学生们在科学的前沿探索中找到自己的梦想和方向。

通过这些多元化的教育方式,学校在学生心中树立起"强军兴国"的理念,为他们成为未来国防领域的中坚力量打下了坚实的基础。

第三章

教学创新与师资锻造

第一节　双师型师资团队：国防教育的中坚力量

在国防教育实践中，师资队伍建设无疑是关键的一环。由多学科专家合作打造的双师型师资团队，为我校国防教育特色课程的开展注入了强大的动力，成为培养具有热血军魂的新时代青少年的中坚力量。

一、多学科融合，构建师资网络

国防教育特色课程的师资队伍建设，绝非单一学科教师的单打独斗，而是需要多学科专家的协同合作。我校通过与驻地部队、心理健康教育机构、家庭教育咨询机构、体育培训机构、科技企业、艺术团体、德育研究机构等开展广泛合作，建立了一支多元化的师资队伍。

驻地部队官兵是这支队伍中不可或缺的重要力量。他们拥有丰富的军事经验和过硬的军事技能，能够为学生提供专业的军事技能指导。在训练场上，他们身姿挺拔、动作规范，每一个示范都充满了军人的威严与力量。从队列训练到战术动作，从枪械使用到野外生存技能，驻地部队官兵都耐心细致地指导学生，让他们在亲身体验中感受军事的魅力。同时，官兵们还以自身的军人风格为学生树立榜样，他们坚韧不拔的意志、雷厉风行的作风和团结协作的精神，无不深深地感染着每一位学生，成为学生们学习的榜样。

心理健康教育专家则关注学生的心理状态，将对军人毅力等品质的培养巧妙地融入日常教学中。他们深知，在国防教育的过程中，学生不仅要拥有强壮的身体，更要具备健康的心理。通过心理辅导和拓展训练，心理健康教育专家帮助学生们克服恐惧、焦虑等负面情绪，提升他们的自信心和抗压能力。例如，在模拟军事演习中，当学生面临困难和挫折时，心理健康教育专家会及时给予鼓励和支持，引导他们像军人一样勇敢面对，从而培养学生坚韧不拔的毅力。

家庭教育指导师在师资队伍中也发挥着独特的作用。指导师们传授家庭关系的处理方法，让学生明白家庭是国防教育的重要基石。良好的家庭关系能够增强学生的责任感和归属感，使他们更加积极主动地参与国防教育。指导师通过举办家长讲座、开展亲子活动等方式，帮助家长树立正确的教育观念，营造和谐的家庭氛围，让学生在家庭中也能感受到国防教育的重要性。

体育教练指导学生进行体育锻炼，注重军人作风的培养。在体育训练中，教练不仅要求学生掌握正确的运动技巧，更强调纪律性和团队协作精神，通过设立长跑、俯卧撑、障碍跨越等训练项目，提高学生的身体素质和意志力。同时，教练还将培养军人的作风融入训练目标中，如要求学生严格遵守训练纪律，按时集合参加训练，培养他们的自律意识和集体荣誉感。

科技教师引导学生探索科技领域，让他们了解科技在国防中的重要作用。在科技飞速发展的今天，国防科技日新月异。科技教师通过开设科普讲座、组织科技实验等方式，激发学生对科技的兴趣，培养他们的创新思维和实践能力。例如，通过介绍无人机、人工智能、网络安全等前沿科技在国防中的应用，让学生了解科技对于国家安全和发展的重要性。

艺术教师丰富学生的艺术体验，帮助他们以艺术形式表达对国家的热爱。通过音乐、绘画、舞蹈等艺术形式，让学生感受国防教育蕴含的内涵和情感。例如，组织学生创作以国防为主题的艺术作品，举办艺术展览和文艺演出，让学生在艺术创作中抒发爱国之情，增强民族自豪感。

德育工作者则负责培养学生的道德品质，将国防教育与道德教育有机结合。通过课堂教学、主题班会等形式，引导学生树立正确的世界观、人生观和价值观，培养他们的社会责任感和公民意识。让学生明白，国防不仅仅是军队的事情，更是每一个公民的责任和义务。

二、协同教学，践行军人风格

在教学过程中，多学科教师协同合作，共同引导学生在各个方面践行军人风格。无论是在军事训练、体育锻炼还是日常学习中，我校都注重培养学生的专注力和坚强作风。

以拳术训练为例，这不仅是一项体育锻炼项目，更是培养学生军魂的重要途径。在拳术训练中，体育教练和驻地部队官兵共同指导，要求学生将每一个动作都做得标准、有力。从出拳的姿势到步伐的移动，从呼吸的节奏到眼神的专注，每个细节教练和官兵都严格把关。同时，心理健康教育专家和德育工作者在一旁鼓励学生，让他们在面对训练的辛苦和困难时，保持坚定的信念和不屈的精神。通过反复地练习，学生不仅锻炼了身体，更培养了坚韧不拔的意志和勇往直前的精神。

在多学科教师的共同努力下，学生们在国防教育的各个方面都取得了显著的进步。他们不仅在军事技能上有了提高，更在心理素质、道德品质、艺术修养等方面得到了全面的发展。这种多学科专家合作模式下的双师型师资团队，为新时代青少年国防教育提供了坚实的保障，让每一位学生都能在国防教育的熏陶下，铸就热血军魂，成为有理想、有道德、有文化、有纪律的社会主义建设者和接班人。

总之，双师型师资团队是新时代青少年国防教育的核心力量。多学科专家的协同合作为学生提供了全方位、多层次的国防教育服务。在未来的国防教育工作中，我校将进一步加强师资队伍建设，不断完善多学科合作模式，为培养更多具有热血军魂的新时代青少年而不懈努力。

第二节 场景化教学改革：国防教育的创新引擎

在前文提及的青少年国防教育实践基础之上，我校实施了涵盖特色教学模式、跨学科整合教学与多元化评价体系的场景化教学改革。场景化教学犹如一股强劲的创新力量，为当今的国防教育注入了新的活力与内涵，成为培养具有热血军魂的新时代青少年的重要途径。

一、特色教学模式：多元场景，塑造全面素养

（一）情景模拟教学：逼真体验铸就实践能力

情景模拟教学是场景化教学改革的重要组成部分。我们通过创设与国防、生活等紧密相关的情景，如模拟战争场景、家庭决策情景、心理危机处理情景等，让学生在高度逼真的环境中亲身体验和应对各种问题。在模拟战争场景中，学生们仿佛置身于硝烟弥漫的战场，深刻体会到军事纪律的重要性，这不仅激发了他们对历史的浓厚兴趣，更增强了他们对国家和民族的认同感。

模拟战争场景对学生的行为规范有着严格要求，他们需以军人的标准规范坐姿、站姿，从而展现出高度的专注力和坚强作风。家庭决策情景则为学生提供了一个模拟家庭生活的平台，让他们学会承担责任和进行有效的协调沟通，为将来建立和谐家庭奠定坚实基础。心理危机处理情景则着重锻炼学生的应急处理能力和心理素质，使他们在面对困难和挑战时能够保持冷静，从容应对。

（二）项目式学习：团队协作激发创新精神

项目式学习为学生提供了一个广阔的实践创新平台。学校组织学生开展国防、家庭生活、体育竞技、科技发明、艺术创作、道德实践等主题的

项目式学习活动,让学生在团队合作中不断探索、实践、创新。同时,学校注重将军人毅力培养融入项目的学习过程中,旨在培养学生的坚强作风,例如通过拳术训练等项目,不仅增强了学生的身体素质,更在无形中培养了学生的军魂。

学生们通过团队合作完成任务,如设计科技模型、创作艺术作品、策划体育赛事等。在这个过程中,他们不仅提升了团队协作能力和领导力,还增强了创新意识。在德育工作者的悉心指导下,学生们树立起了责任意识和公平竞争观念。定期的体育锻炼和拳术训练,让学生们的身体素质得到显著提高,同时也培养了他们面对困难时坚韧不拔和勇于挑战的精神。这些综合能力的提升,为学生未来的学业发展和职业生涯打下了坚实基础。

为了进一步强化学生的实践操作能力,学校引入了实验设计和数据分析课程,并与理论教学紧密结合,让学生在实验室中深入理解科学原理,并通过实际操作来验证理论。同时,学校鼓励学生参与科研项目,与高校、科研院所和企业合作,使学生能够接触到前沿科技和产业需求,在解决实际问题的过程中提升创新能力和实践技能。

(三)劳动教育:实践服务培育社会责任感

劳动教育是场景化教学改革中不可或缺的一环。通过劳动教育,学生们不仅在实践中懂得了重视劳动、热爱劳动的道理,还能在参与社会服务与志愿活动的过程中培养社会责任感。这种教育方式鼓励学生深入基层,服务国家和人民,帮助他们灵活应对竞争激烈的劳动市场,并以开放的心态面对多种就业机会。

劳动教育为学生提供了思想保障,也为他们未来的职业发展注入了创新思维,还提高了他们解决实际问题的能力。例如,通过参与环境保护项目,学生们能够亲身体验科学是如何解决社会问题的。他们在实地考察和数据分析中学习如何采取实际行动,改善环境问题,从而培养了社会责任感和实际操作能力。

二、跨学科整合教学：打破界限，提升综合能力

跨学科整合教学打破了学科界限，将国防教育与其他学科知识有机融合。通过主题探究、综合实践等形式，让学生在跨学科学习中加深对知识的理解和掌握程度，提高综合能力。军人风格贯穿于我校跨学科整合教学的始终。在科学探究中融入军人的专注力培养，能让学生在追求真理的过程中保持高度的专注；在艺术创作过程中遵守军人的纪律性，能使作品更具内涵和规范性。

跨学科整合教学还特别注重培养学生的团队合作精神。例如，在体育项目中强化集体荣誉感，让学生明白团队的力量大于个人的力量；在数学建模竞赛中强调分工协作，使学生在合作中发挥自己的优势，共同攻克难题。这种多维度的教育模式能使学生在合作中逐步培养领导力，在竞争中提升自我，进一步促进个人的全面发展。

在持续的跨学科整合教学中，学生们的视野得以拓宽，他们开始理解不同学科之间的联系，从而学会在解决复杂问题时运用跨学科知识。学校还鼓励学生参与各类竞赛和挑战，如科技创新大赛、数学奥林匹克竞赛等。这些经历不仅提高了学生的学术能力，也提升了他们的自信心与适应力。

三、多元化评价体系：激发潜能，促进个性发展

为了更好地适应场景化教学改革的需求，学校设计了多元化课程评价体系。以项目和成果为导向，鼓励学生自主学习，进一步激发了他们的创新精神和实践兴趣。在这样的教学模式下，学生的个性化发展得到了充分鼓励。例如，艺术与科技相结合的项目让学生们在创作中融入创新思维，体育与领导力培养相结合的课程使学生们在团队运动中学会决策与领导。这种教育模式不仅提升了学生的综合素养，也为他们未来的多样化发展奠定了坚实基础。

除此之外，学校开设了各类选修课程。通过选修课程，学生可以深入

：新时代青少年国防教育实践探索

探索个人感兴趣的领域，激发学习的内在动机。学校还定期组织开展各类工作坊和研讨会，为学生提供与专业人士互动的机会，帮助他们建立职业规划，促进他们相关技能的提升。

场景化教学改革在新时代青少年国防教育中展现出了强大的生命力和创新力。场景化教学所包含的特色教学模式、跨学科整合教学和多元化评价体系，均在学生们的学习能力、社会能力提升和个人兴趣培养等方面发挥了关键作用。

第三节　学生参与机制：社团组织与合作探究

为了提高学生参与国防教育及其他教育的积极性和主动性，学校构建了一套完善且富有成效的学生参与机制。其中，社团组织与合作探究发挥着不可替代的作用，成为培养学生综合素质、塑造学生军人精神的重要途径。

学校积极成立各类社团组织，如国防教育社团、心理健康协会、家庭关系研究小组、体育俱乐部、科技兴趣小组、艺术社团、德育实践团队等。这些社团犹如一个个充满活力的小世界，为学生提供了广阔的自主发展空间。在社团活动中，学生们自主开展学习、训练、创作、服务等活动，充分发挥主观能动性。

以国防教育社团为例，成员们在社团中深入学习国防知识，开展军事技能训练。他们以军人的标准要求自己，规范言行举止，培养专注力和坚强作风。拳术训练是社团的一项重要活动，每一次出拳、踢腿，都饱含着成员们磨炼意志的决心。在反复的训练中，他们的身体素质得到增强，意志品质也愈发坚韧，军魂在他们心中逐渐铸就。

心理健康协会则关注学生们的心理状态，通过组织讲座、开展心理游戏等活动，帮助大家缓解压力，培养积极向上的心态。家庭关系研究小组引导学生们探讨家庭相处之道，增进家庭关系，营造和谐的家庭氛围。体育俱乐部开展各类体育活动，不仅锻炼了学生们的体魄，更培养了他们的团队合作精神和竞争意识。科技兴趣小组激发了学生们对科技的热爱，鼓励他们勇于探索、创新实践。艺术社团为学生们提供了展示艺术才华的平台，丰富了他们的精神世界。德育实践团队组织学生们参与志愿服务活动，培养了他们的社会责任感和奉献精神。

除了社团活动，合作探究也是学生参与机制的重要组成部分。学校鼓励学生开展合作探究活动，共同解决学习和生活中遇到的问题。在合作探究过程中，学生们充分发挥各自的优势，相互沟通、相互协作。他们像一支训练有素的军队，在面对困难和挑战时，迅速集结，发挥集体智慧。

在一次关于校园环保问题的合作探究中，学生们分组进行调查、分析，并提出解决方案。每个小组的成员分工明确，有的负责收集数据，有的负责整理资料，有的负责撰写报告。在这个过程中，他们不仅学会了如何运用所学知识解决实际问题，还提升了彼此之间的信任与默契。每一次成功的合作，都是对团结协作精神的最好诠释，也是对未来挑战的胜利预演。

在各种校园活动中，学生们的团结协作精神也得到了充分展现。在体育艺术节上，无论是赛道上的接力赛还是其他团体项目，国防预备班的同学们都彼此配合，默契十足，体现出团结与坚韧的优良品质。他们用汗水和努力证明，不屈不挠的精神能够跨越任何障碍，他们的行动彰显了青春的力量和勇气。在每一次的集体活动中，他们均表现出军人般的纪律和效率，无论是事先的筹备工作还是现场执行，都井井有条。

在风雨交加的运动会上，国防预备班的同学们更是展现了不屈不挠的斗志。他们共同面对恶劣的天气，无人退缩，反而更加团结，以拼搏精神深深感染了在场的每一个人，成了比赛中最耀眼的明星。他们用实际行动证明，无论是多么艰难的环境，只要团结一心，就一定能克服困难，取得成功。

社团组织与合作探究的学生参与机制，让学生们在实践中锻炼自己，在合作中成长进步。这种机制不仅提升了学生们的专业技能，更塑造了他们的军人精神，为他们未来成为社会的栋梁之材奠定了坚实的基础。

第四章

成长叙事和实证图谱

第一节　蜕变故事：国防教育下的成长华章

在新时代的教育版图中，国防教育特色课程宛如一股强劲的春风，吹进了无数青少年的心田，带动了他们思想与行为上的深刻蜕变。这些蜕变故事，如同夜空中闪烁的繁星，照亮了青少年成长的道路，成为国防教育特色课程最生动的注脚。

一、走出心理阴霾，拥抱阳光人生

曾经，有这样一些学生，他们被心理问题所困扰，缺乏自信，对家庭也缺乏应有的信任感。在生活的重压下，他们仿佛置身于黑暗的深渊，看不到未来的希望。然而，国防教育特色课程的出现，如同黎明前的曙光，为他们带来了新的生机。

学校的心理调适课程能够引导学生认识自己的情绪，使他们学会应对压力和挫折。家庭教育主题班会则让他们重新审视自己与家人的关系，懂得珍惜亲情，学会关心家人。丰富多彩的心理健康教育活动通过各种有趣的游戏和互动环节，让他们在轻松愉快的氛围中释放内心的压力，增强心理素质。

与此同时，军人作风的培养训练使他们士气大振。站军姿、走正步，每个动作都迸发着力量，彰显着纪律。在这个过程中，他们逐渐学会了坚持，学会了自律，学会了在困难面前不低头。慢慢地，他们变得开朗、自信，脸上洋溢着灿烂的笑容。他们开始积极参与社会公益活动，用自己的行动传递爱与温暖。曾经胆小、怯懦的他们，已然在国防教育的熏陶下，蜕变成了勇敢、自信、有责任感的新时代青年。

二、克服社交恐惧，融入团队怀抱

有一位性格内向的学生，在人群中总是显得格格不入。他害怕与人交流，害怕表达自己，社交恐惧如同一道无形的枷锁，紧紧地束缚着他。而国防教育中的团队合作训练和军事化管理，成为他打破枷锁的钥匙。

在团队合作训练中，他被分配到一个小组，需要与队友们共同完成各种任务。一开始，他依然很紧张，不敢主动与队友们交流。但在队友们的鼓励和帮助下，他逐渐放下了心中的戒备。在一次次的合作中，他学会了倾听他人的意见，表达自己的想法，与他人有效沟通。

军事化管理则让他形成了良好的纪律意识和时间观念。每天按时起床、出操、训练，生活变得规律而充实。在这个过程中，他逐渐克服了自己的惰性，变得更加自律。他开始在团队中找到自己的位置，发挥自己的作用。他的变化不仅仅体现在学习成绩的提升上，更重要的是，他变得更加乐观向上，对生活充满了热情和期待。如今的他，已经能够自信地站在众人面前，展现自己的风采。

三、发掘领导潜能，奠定职业基石

还有一些学生，在参与国防教育的过程中，意外地发现了自己潜在的领导才能。在模拟军事演习和团队竞赛中，他们如同璀璨的明星，展现出卓越的组织能力和战略眼光。

在模拟军事演习中，他们需要制订作战计划，指挥团队成员完成各项任务。面对复杂多变的战场形势，他们冷静思考，果断决策，带领团队一次次取得胜利。在团队竞赛中，他们充分发挥自己的领导才能，合理分配任务，激发团队成员的潜力，让大家齐心协力，共同为荣誉而战。

这些经历不仅增强了他们的自信心，也为他们未来的职业发展奠定了坚实的基础。他们学会了如何带领团队，如何协调各方资源，如何应对各种挑战。在未来的职场中，他们将凭借这些宝贵的经验和能力，成为行业中的佼佼者。

国防教育特色课程的实施，就像一场及时雨，滋润了学生们的心田，促进了他们的全面发展。它让学生们更加深刻地理解了国家安全的重要性，增强了他们的社会责任感和使命感。许多学生表示，他们愿意将这种精神传承下去，为国家的繁荣富强贡献自己的力量。这些蜕变故事，将激励更多的青少年在国防教育的道路上不断前行，书写属于自己的辉煌篇章。

第二节　影响力评估：国防教育绽放的璀璨光芒

国防教育特色课程不仅照亮了青少年成长的道路，更在校园文化与区域教育发展中留下了深刻的印记。对其进行全面而深入的影响力评估，能让我们清晰地看到国防教育所带来的巨大价值与深远意义。

一、校园文化提升：国防教育铸就精神家园

国防教育特色课程的实施，宛如一阵春风，吹进了校园的每一个角落，促进了校园文化的全面提升。在国防教育的熏陶下，校园内逐渐形成了一种重视国防、关注心理健康、尊师重教、热爱家庭、积极向上的文化氛围。

军人的作风与品格，如同铿锵的战歌，激荡人心，成为校园文化的重要组成部分。学生们在日常的学习和生活中，自觉以军人的标准严格要求自己。课堂上，他们坐姿端正、专注听讲，展现出高度的纪律性；操场上，他们步伐整齐、口号响亮，彰显着坚韧不拔的意志。这种军人精神不仅体现在行为举止上，更体现在他们的价值观中。

国防教育特色课程还注重维护学生的心理健康。学校通过开设心理健康课程和开展心理辅导活动，帮助学生们树立正确的世界观、人生观和价值观，增强他们的心理承受能力。在尊师重教的氛围中，学生们更加懂得感恩老师的辛勤付出，积极与老师沟通交流，形成了良好的师生关系。同时，热爱家庭的理念也在学生们的心中生根发芽，他们更加关心家人，主动承担家务劳动，家庭关系更加和谐。

这种积极向上的校园文化，不仅为学生们提供了一个良好的学习和生活环境，更成为他们成长道路上的精神支撑。国防教育特色课程的影响力不仅仅局限于本校，它还吸引了邻近学校和教育机构的关注。他们纷纷前来参观学习，试图将类似的教育模式融入自己的课程体系中。这种正面影

响逐渐扩散，成为推动区域教育改革和提升青少年素质的新动力，为更多学生带来了积极向上的成长环境。

二、区域示范作用：引领教育发展新潮流

国防教育特色课程在取得显著教育成效的同时，也在区域内起到了良好的示范作用。我校通过与周边学校开展交流合作，分享教育经验和资源，如开展联合教研活动、组织学生交流访问等，带动了其他学校的发展，推动了区域教育事业的整体进步。

在联合教研活动中，各学校的教师们齐聚一堂，共同探讨国防教育的教学方法和策略，分享教学心得和体会。通过相互学习和借鉴，教师们的教学水平得到了提高，国防教育的质量也得到了提升。本校还组织学生开展交流访问活动，让学生们有机会走出自己的校园，与其他学校的学生进行交流和互动。在这个过程中，学生们不仅拓宽了视野、增长了见识，还结交了许多志同道合的朋友。

一年一度的相关权威评估，如广州大学附属中学国防教育发展研究中心对我校的评估，充分表明了国防教育特色课程在学生成长、心理健康和校园文化提升等方面均取得了显著成效。学生的心理素质有了明显提高，他们更加自信、坚强，能够勇敢地面对生活中的困难和挑战。在社会参与度方面，学生们积极参与各种社会实践活动、关心国家大事，具备较强的社会责任感。在责任感方面，他们懂得对自己、家庭、社会负责，致力于成为有担当的新时代青年。

这些成效与国家教育目标高度契合，反映出该课程在培养全面发展的社会主义建设者和接班人方面的重要作用。国防教育特色课程就像一颗火种，点燃了区域教育改革的热情，引领更多学校走向更加优质、高效的教育发展之路。

国防教育特色课程的影响力评估，让我们看到了它在提升校园文化和发挥区域示范作用方面的巨大成效。它不仅为学生们的成长奠定了坚实的基础，也为区域教育事业的发展注入了新的活力。

第三节　数据成果：学生综合素质提升的实证彰显

为了全面、深入地评估国防教育特色课程的教学效果，学校对学生的综合素质进行了长期且细致的跟踪评价。一系列的数据成果，有力地证明了国防教育在学生成长过程中所发挥的重要作用。

心理健康方面，数据清晰地显示，学生心理健康问题发生率明显降低。在国防教育特色课程的熏陶下，学生们学会了如何应对压力和挫折，培养了坚韧不拔的意志和品质。他们通过参与心理调适课程、心理健康讲座等活动，掌握了有效的心理调节方法，能够更加从容地应对生活、学习中的各种挑战。曾经那些因学业压力、人际关系等问题而陷入心理困境的学生，在国防教育的滋养下，逐渐走出了阴霾，重新找回了自信和快乐。心理健康水平的提升，不仅让学生们在校园生活中变得更加积极向上，也为他们未来的人生道路奠定了坚实的心理基础。

家庭关系方面，家庭满意度显著提升。国防教育注重培养学生的家庭责任感和亲情观念，通过家庭教育主题班会、亲子互动活动等形式，让学生们懂得珍惜家庭、关爱家人。学生们学会了主动与父母沟通交流、分担家务劳动，家庭氛围更加和谐、融洽。家长们纷纷表示，孩子变得更加懂事、体贴了，家庭关系也得到了极大的改善。

体育竞技方面，学生们在体育比赛中获得的奖项数量逐年增加。国防教育中的军事训练，如队列训练、体能训练等，有效地提高了学生们的身体素质和运动能力。他们学会了团队协作、勇于拼搏，在赛场上展现出了顽强的斗志和出色的竞技水平。无论是在田径比赛、球类比赛，还是其他体育项目中，学生们都取得了优异的成绩，为学校和班级争得了荣誉。

科技创新能力方面，学生们在科技竞赛中屡获佳绩。国防教育激发了学生对科技的兴趣和探索欲望。学校通过组建科技兴趣小组、开展科技创新实践活动等，为学生们提供了广阔的创新平台。学生们积极参与科研项

目,勇于尝试新的技术和方法,在科技创新的道路上不断前行。他们的创新成果不仅体现了个人的智慧和才华,也为学校的科技发展注入了新的活力。

艺术表现方面,学生们在艺术表演中绽放光彩。国防教育特色课程注重培养学生的审美情趣和艺术修养,通过举办艺术展览、文艺演出等活动,让学生们有机会展示自己的艺术才华。学生们在绘画、音乐、舞蹈等艺术领域都取得了显著的进步,他们的作品和表演充满了创意和感染力,赢得了师生们的广泛赞誉。

道德行为规范方面,学生们的表现也有了明显提升。国防教育强调纪律意识和道德规范,学生们在日常生活中自觉遵守校规校纪,尊重师长,团结同学,养成了良好的行为习惯。他们懂得了什么是责任,什么是担当,在面对困难和挑战时,能够坚守道德底线,做出正确的选择。

这些丰硕的数据成果,充分体现了军人风格培养对学生专注力提升、坚强作风培育和军魂打造的积极影响。学校凭借校园文化建设和区域示范作用方面的成果,已成为全国教育界的楷模。学校声誉的提升,吸引了更多目光和资源的汇聚。如此,学校不仅成为学生和教师的向往之地,也赢得了家长和社会各界的高度认可。

未来,学校将继续开发国防教育特色课程,拓展与外界的合作与交流,不断优化教育课程,积极引入军事训练的先进理念与方法,提升学生的国防意识,增强其身体素质。同时,学校计划与更多高校及研究机构建立合作关系,通过举办各类活动,让学生在实践中学习和成长。此外,学校还将加强师资培训,确保教师队伍能够高效地传授知识和技能,为学生提供更加全面和深入的国防教育。

国防教育特色课程不仅提升了学生的个人素质,还强化了他们的社会责任感和集体荣誉感。学校在培养学生的团队协作精神和领导能力方面取得了显著成效,为他们将来成为有担当的公民打下了坚实基础。我们的成功经验,也为其他学校提供了可借鉴的模式,推动了全国国防教育的发展。

第五章

特色实践和品牌沉淀

第一节　河东中学国防教育活动回溯

回顾河东中学开展的各类校园国防教育活动，我们仿佛置身于一幅波澜壮阔的画卷之中，每一笔都勾勒出青少年对国防事业的热爱与担当。

国防主题演讲比赛、军事知识竞赛、军事技能表演等活动，构成校园里的一道道亮丽风景线，不仅丰富了学生的校园生活，更在潜移默化中增强了学生的国防意识和国家认同感。在这些活动中，学生们以饱满的热情和昂扬的斗志，展现出了新时代青少年的风采。他们或慷慨激昂地演讲，表达对国防事业的无限向往；或冷静沉着地答题，展现对军事知识的深厚积累；或英姿飒爽地表演，彰显军事技能的精湛与娴熟。

值得一提的是，学校在组织活动的过程中，特别注重规范学生的坐姿、站姿，并在训练中融入军人精神培养。这种细节上的把控，不仅让学生们在活动中学会了自律与坚持，更在无形中打造了军魂，强化了他们的纪律性和时间观念。在军事训练的日常中，学生们学会了服从命令、听从指挥，懂得了团队合作的重要性，也培养了自己的领导能力和责任感。

学校的国防教育特色课程将国防教育推上了一个新的高度。通过模拟军事训练和真实场景体验，学生们在实践中掌握了国防知识，增强了爱国情感。他们仿佛置身于硝烟弥漫的战场，亲身体验了军人的艰辛与荣耀，从而更加珍惜和平，其国防观念和责任感得到了强化。这种身临其境的教育方式，让学生们对国防事业有了更深刻的认识和理解。

学校深知，科技教育和人文教育的结合是培养创新人才的关键。因此，在国防教育活动中，学校特别强调科技与人文的交叉融合。通过定期举办科技竞赛、创新论坛和人文讲座，促使学生们将哲学思考和社会责任融入科技创新中，这不仅激发了他们的科技创新热情，也培养了他们的人文素养和批判性思维。这种教育模式，既符合新时代对人才的要求，也体现了习近平总书记关于建设教育强国的指导思想。

在每年的国防教育日，学校都会举办一系列主题活动，如国防知识竞赛、军事技能展示和国防主题演讲比赛等。这些活动不仅加深了学生们对国防知识的理解,还提升了他们的表达能力和团队协作能力。在竞赛中,学生们争分夺秒、奋勇争先;在展示中,他们英姿飒爽、气势如虹;在演讲中,他们慷慨激昂、情真意切。这些活动不仅丰富了学生们的课余生活,更激发了他们对国防事业的热爱和向往。

此外,学校还定期组织学生参观军事博物馆和国防教育基地。在那里,学生们了解了国防事业的辉煌成就,亲身感受到了军人的英勇无畏和无私奉献。这些实地参观活动,让学生们对国防事业有了更直观的认识和更深刻的感受,也进一步增强了他们的民族自豪感和责任感。

为了纪念抗日战争胜利等重要历史事件,学校还会举办专题纪念活动,通过历史讲座、展览和文艺演出等形式,教育学生们铭记历史,珍惜和平。在这些活动中,学生们积极参与、团结协作,通过创意表达展现了对国防教育的深刻理解和热爱。他们或挥毫泼墨书写历史沧桑,或引吭高歌抒发爱国情怀,或翩翩起舞展现军人风采。这些活动不仅让学生们接受了深刻的思想教育,也让他们在艺术熏陶中提升了审美能力和文化素养。

第二节　军事训练、国旗护卫队与国防教育社团实践探索

河东中学积极探索青少年国防教育的实践路径，其中，学生军事训练、国旗护卫队与国防教育社团无疑是学校国防教育特色实践中的璀璨明珠。

一、军事训练：锤炼意志，铸就军魂

学生的军事训练，从新生军训到国防训练营，每一环节都精心策划，严密组织。新生军训作为入学第一课，不仅是对学生身体素质的考验，更是对他们意志品质的磨砺。军训期间，学生们以军人的标准严格要求自己，从坐姿、站姿的规范，到专注力的培养，每一个细节都透露出他们对纪律的敬畏和对集体的责任感。

在艰苦的训练中，学生们经历了从最初的不适应到后来的坚韧不拔。他们的意志在汗水中得到磨炼，作风在坚持中变得坚强。拳术训练作为军训的重要内容之一，不仅锻炼了学生们的筋骨，更在无形中打造了军魂，让他们学会了在困难面前不屈不挠、勇往直前。

国防训练营则是对学生军事素养的进一步提升。在这里，学生们不仅学习了基本的军事技能，还通过模拟实战、战术演练等方式，深入了解了国防知识，增强了国防意识。训练营中的每一次挑战，都是对学生们综合素质的考验，也是他们成长道路上的宝贵财富。

展望未来，学校计划进一步拓展国防教育的深度和广度。学校将继续深入探索国防教育与科技、艺术等领域的交叉融合，以创新的方式深化国防教育。例如，利用虚拟现实技术模拟战场环境，让学生们在沉浸式体验中感受战争的残酷与和平的宝贵，从而更加深刻地理解国防的重要性。同

时，学校也将加强与军队、科研机构的合作，为学生们提供更为广阔的学习环境和实践平台，进一步增强学生们的国防意识和爱国情怀。

二、国旗护卫队：校园风采，家国情怀

国旗护卫队是学校国防教育特色实践的又一亮点。这支由热血青少年组成的队伍，经过严格的选拔和训练，成为校园内一道独特的风景线。每一次升降国旗的重任都表达了他们对国家和民族深沉的热爱。

在国旗护卫队的训练中，成员们经历层层磨砺，挥洒了无数汗水。从基本的队列动作到复杂的旗操表演，每一个细节都凝聚着他们的心血。正是这样的训练，让他们在面对各种挑战时都能够从容不迫、稳健前行。

除了日常的升降国旗和旗操训练外，国旗护卫队还积极参与各种公益活动和社会实践。他们走进社区、走进农村，用实际行动传递着正能量和爱国情怀。在每一次志愿服务中，成员们都能够深刻感受到自己的责任和使命，这也更加坚定了他们为国家和民族贡献力量的决心。

三、国防教育社团与实践项目：多元发展，全面提升

学校的国防教育社团，作为学校国防教育的重要载体，其成立源于对青少年综合素质提升的深刻认识。社团活动内容丰富多样，既有参观军营、国防科技展览等实践活动，又有心理健康辅导志愿服务等人文关怀。这些活动不仅让学生们通过实践深入了解国防事业，还增强了他们的心理调适能力。

社团还与地方军事机构合作，共同举办国防知识竞赛，让学生们在紧张而有趣的比赛中掌握更多国防知识。此外，学校还鼓励学生们参与军事模拟游戏，通过团队合作和策略规划来提升他们解决问题的能力。这些实践项目不仅丰富了学生们的课余生活，更在无形中提升了他们的综合素质和国防意识。

第三节　家校合作，共育军人风格

学校深刻认识到家校合作的重要性，积极探索与家长携手共育学生军人风格的有效途径，力求在学生的成长道路上烙下深刻的国防印记。

学校深知，家庭是孩子成长的第一课堂，家长是孩子的第一任老师。因此，学校定期举办家长会，不仅将其作为家校沟通的桥梁，更将其打造成国防教育理念的传播阵地。在家长会上，学校详细阐述国防教育对于青少年成长的重要意义，强调军人风格在培养学生责任感、自律性以及坚韧不拔的品质等方面的独特作用。学校鼓励家长在日常生活中贯彻国防教育理念，比如要求孩子按时完成家务，这不仅能培养孩子的动手能力，更能让他们学会承担责任；要求孩子保持整洁、有序的生活环境，则有助于培养孩子的自律性和条理性。这些看似细微却意义深远的家庭实践，使孩子们在不知不觉中逐渐养成了军人般的严谨作风和良好习惯。

为了进一步增强家校合作的深度和广度，学校还积极邀请家长参与学校的国防教育活动。在军事技能展示活动中，学生们英姿飒爽、斗志昂扬，让家长们目睹了他们在训练中取得的蜕变与成长，深刻感受到了国防教育的魅力。国防知识讲座则让家长们对国家的安全形势、国防政策有了更深入的了解，从而更加理解和支持学校的国防教育工作。通过参与这些活动，家长们不仅亲身体验和了解了国防教育的内容，更在内心深处与学校达成共识，形成了家校共育的强大合力。

学校还注重利用现代信息技术手段，加强家校之间的日常沟通与联系。通过家校微信群、学校官网等平台，学校及时发布国防教育活动的动态和成果，分享学生们在活动中的精彩瞬间和感人故事。家长们也能通过这些平台反馈孩子们在家中的表现，提出对国防教育工作的建议和意见。这种双向互动的交流模式，使得家校合作更加紧密、高效。

通过家校合作共育军人风格，学校不仅提升了学生的国防意识和综合素质，更在全社会营造了关心国防、热爱国防的良好氛围。

第四节　与社区及企业的综合实践

学校不仅注重校园内的系统培养,更积极地与社区及企业建立广泛的合作关系,共同开展丰富多彩的国防教育活动,以此拓展国防教育的广度和深度,让国防教育之花在更广阔的土壤中绽放。

学校深知,社区是学生成长的重要环境,也是国防教育不可或缺的实践平台。因此,学校积极组织学生参与社区的志愿服务活动,将国防教育与社区服务紧密结合。在安全宣传活动中,学生们向居民普及国防安全知识,讲解应对突发事件的方法,以此增强居民的安全意识和自我保护能力。在环境整治活动中,学生们发扬不怕苦、不怕累的精神,清理垃圾、美化环境,用实际行动诠释了军人的责任感和奉献精神。这些活动不仅让学生们在服务中增强了社会责任感和公民意识,更让他们深刻体会到国防教育与社会生活的紧密联系。

与此同时,学校还积极与企业合作,开展国防科技体验活动。学校组织学生参观企业的生产线、研发中心等,让他们近距离了解国防科技的发展和应用。这些活动不仅拓宽了学生们的视野,更激发了他们对国防事业的兴趣和热情。许多学生表示,通过参观学习,他们更加坚定了为国防事业贡献力量的决心。

通过在社区及企业开展综合实践,学校不仅将国防教育从校园延伸到了社会中,更在实践中深化了学生们对国防事业的理解和认识。学生们在实践中学会了如何将国防知识转化为实际行动,如何在服务社会中体现军人的担当和奉献。这些宝贵的经历和体验,都将成为他们未来成长道路上的重要财富。

未来,学校将继续深化与社区及企业的合作,探索更多富有创意和实效性的国防教育活动形式,为培养具有国防意识和担当精神的新时代青少年而不懈努力。

第五节　与其他学校对接的综合实践

学校不仅注重自身特色实践与品牌沉淀，更积极与其他学校建立广泛的合作关系，共同推进国防教育的深入实施。通过一系列丰富多彩的综合实践活动，各校携手共进，为培养具有国防意识和担当精神的新时代青少年贡献力量。

一、与怀集县第一中学的综合实践：联合研讨，共育心理韧性

学校与怀集县第一中学携手开展了国防教育与心理健康教育联合研讨活动。双方教师齐聚一堂，共同探讨如何在国防教育中融入心理健康教育元素，共同探索提升学生心理韧性的方法。研讨活动特别强调了学生专注力的培养方法，即通过模拟军事训练、心理拓展训练等形式，让学生在体验中学会专注、学会坚持。同时，两校还组织学生开展交流活动，分享在国防教育和家庭生活方面的经验，引导学生相互学习，以军人作风要求自己，养成自律、自强的品质。

二、与广州英豪学校的综合实践：家校融合，共筑国防情怀

学校与广州英豪学校合作开展了家庭教育与国防教育融合项目。该项目邀请家长们参与体验军事训练，通过亲子共同训练的方式，增进亲子关系，同时也让家长们更深刻地理解国防教育的重要性，增强国家认同感。在训练中，学校要求家长和学生共同遵循军队纪律，培养坚韧不拔的意志和团结协作的精神。此外，两校还开展了体育交流活动，通过体育竞赛、体能训练等形式，增强学生体质，培养学生的坚强作风。

三、与韶关始兴县顿岗中学的综合实践：科技融合，培养创新精神

学校与韶关始兴县顿岗中学携手开展了国防教育与科技融合活动。双方组织学生参加科技竞赛，鼓励学生在科技创新中融入国防元素，培养创新精神和实践能力。活动鼓励学生将军人精神融入科技创新过程中，培养学生在面对困难和挑战时坚持不懈、勇往直前的精神品质。此外，两校还联合开展了德育主题活动，通过主题班会、演讲比赛等形式，帮助学生养成良好的道德品质，以军人风格规范言行。

四、与从化博大学校的综合实践：艺术展览，提升审美素养

学校与从化博大学校联合举办了国防教育艺术展览。展览展示了学生创作的国防主题艺术作品，包括绘画、雕塑、摄影等多种形式的作品。该次活动不仅展现了学生对国防事业的理解和热爱，也提升了学生的艺术审美素养。在展览活动中，学校要求学生有军人作风，做到守时、守纪、有序参观。同时，两校还开展了篮球、足球等项目的体育竞技比赛，以促进学生身心健康发展，培养学生的竞争意识和坚强作风。

五、与广州南洋理工职业学院军政教导大队的综合实践：专业引领，深化国防教育

学校与广州南洋理工职业学院军政教导大队建立了紧密的合作关系，利用对方的专业教育资源，开展国防教育与军事技能培训活动。在活动中，军政教导大队的教官们为学生提供了专业的军事技能培训，规范学生坐姿、站姿，培养学生的专注力和坚强作风。同时，双方还进行科技探索与国防教育融合实践，让学生了解国防科技的前沿发展，鼓励学生学习军人的探索精神；组织学生进行模拟军事演练，通过实战化的场景模拟，增

强学生的团队协作能力和应急反应能力。广州南洋理工职业学院优秀退伍军人的现身说法更是让学生们深受鼓舞,他们通过分享军旅生涯和成长故事,引导学生们树立积极向上的价值观和人生观,进一步坚定了学生们的国防信念。

通过与其他学校开展综合实践,我校不仅拓宽了国防教育的视野和思路,也为学生提供了更多元化、更丰富的国防教育体验。

第六章

破局之路：挑战与应对

第一节　挑战：课程推进中的难点

在国防教育特色课程稳步推进的过程中，我们不可避免地遇到了一系列棘手的问题。这些问题如同前行道路上的荆棘，需要我们以坚定的信念和创新的思维去清除障碍，推动课程不断向前发展。

课时协调问题首当其冲。国防教育特色课程与其他学科的课程在时间安排上存在着难以调和的冲突。学校的课程安排本就紧凑，各学科都有着既定的教学进度和任务，要在其中为国防教育特色课程挤出合适的时间，就犹如在有限的空间里进行精密的拼图。其他学科的教学时间不能随意压缩，否则会影响学生们对基础知识的掌握；而国防教育特色课程又需要足够的时间来开展系统的教学和实践活动，以培养学生的国防意识和技能。这种时间上的矛盾，使得课程安排常常陷入两难的境地，难以找到一个完美的平衡点。

资源不足也是制约课程推进的关键因素。师资队伍建设方面，专业的国防教育教师数量有限，且部分教师缺乏系统的培训和丰富的实践经验，难以满足课程教学的需求。教学设施配备也存在缺口，例如军事模拟设备、训练场地等，这些资源的匮乏使得一些教学活动无法顺利开展，影响了学生们对国防知识的直观感受和深入理解。没有足够的资源支持，国防教育特色课程就像一艘缺乏动力的船只，难以在知识的海洋中破浪前行。

学科融合的难题同样不容小觑。不同学科有着各自独特的知识体系和教学方法，要实现国防教育与其他学科的有效融合，需要打破学科之间的壁垒。然而，在实际操作中，各学科教师之间的沟通和协作不够顺畅，难以形成统一的教学目标和教学计划。不同学科之间的渗透和衔接存在困难，导致国防教育在学科教学中的融入不够自然和深入，无法充分发挥其综合育人的作用。

第二节　应对：构建国防教育新生态

青少年国防教育面临着诸多挑战，但也蕴含着无限的发展机遇。为了有效地应对这些挑战，推动国防教育事业蓬勃发展，我们从优化课程设置与时间安排、多渠道筹集资源、建立学科融合机制等多个方面入手，构建了全方位、多层次、宽领域的国防教育新生态。

一、优化课程设置与时间安排

学校加强了与教育部门的沟通协调，以积极争取更多的教学资源。教育部门在教育政策的制定和资源分配上起着关键作用，学校与教育部门保持密切联系，能够及时了解政策动态，获取政策支持和资源倾斜。同时，学校通过合理调整课程设置，确保国防教育课程与其他学科课程平衡发展。国防教育课程不应沦为其他学科的附属品，而应拥有独立的课程体系和教学时间。

学校还在课程安排中合理融入培养军人风格的时间和环节。军人风格所蕴含的坚韧、自律、团结等品质，是青少年成长过程中不可或缺的精神财富。学校将体现军人风格的日常行为规范纳入教学制度中，要求学生在室外课堂和集会中保持"头正身直，双臂自然下垂"的标准站姿，这不仅有助于培养学生的良好姿态，更能提高他们的专注力和自律性。此外，我校还在国防教育课程中设置"静立专注"训练，通过持续10分钟的军姿站立，锻炼学生的专注力。这种训练还被延伸至学科课堂，如数学课要求学生在解题前调整坐姿，形成肌肉记忆与专注学习的联动机制，让学生在日常学习中也能像军人般严谨和专注。

二、多渠道筹集资源

学校积极争取政府、社会、企业等各方的支持，筹集国防教育资源。政府通过财政拨款、政策扶持等方式，为国防教育提供资金保障和政策支持。例如，设立国防教育专项基金，用于完善教学设施和推动师资队伍建设；出台相关政策，鼓励企业参与国防教育事业，给予税收优惠等政策支持。社会各界通过捐赠资金、物资等方式，为国防教育贡献力量。企业与学校开展合作，提供实习基地、技术支持等资源。比如，军工企业为学生提供参观学习的机会，让学生了解国防科技的发展和应用；科技企业为学校提供智能化的教学设备和软件，提升国防教育的信息化水平。

同时，学校加强了校内资源的整合与共享，提高资源的利用效率，对现有的教学设施、师资力量等进行全面梳理，打破部门之间的壁垒，实现资源的优化配置。例如，对图书馆的国防教育书籍进行集中管理，方便学生借阅；组织教师开展国防教育教学研讨活动，分享教学经验和资源，提高教学水平。

三、建立学科融合机制

学校推动成立了跨学科教学研究小组，建立学科融合机制。小组成员来自不同学科，他们共同探讨学科融合的方法和策略，设计融合课程和教学项目。在融合过程中，学校始终秉持培养军人风格的理念，将国防教育元素有机地融入各个学科的教学中。例如，教师在物理课堂中解析弹道抛物线时，引入95式自动步枪射击案例，让学生了解物理知识在军事领域的应用；在艺术课堂上开展军事题材版画创作活动，培养学生的审美能力和爱国情怀。通过这种"一科一军事融合点"的特色课程群建设，学校拓宽了学生的视野，提高了学生的综合素质。

学校还与高校、职业院校等建立合作关系，实现资源共享和优势互补。例如，与广州南洋理工职业学院、广州华夏职业学院等建立"大中小思政一体化"平台，实现军事理论课程学分互认；联合开发VR（虚拟现实）战术模拟系统，让学生在虚拟环境中身临其境般地体验战场，提升对复杂环境的应变能力。数据显示，使用 VR 战术模拟系统的学生在战场态势判断测试中反应速度提升 19%，团队协作得分提高 31%。

四、引入智能化教学管理系统

为了进一步提升国防教育的效果，学校引入了智能化教学管理系统。该系统利用大数据和人工智能技术，全面跟踪和分析学生的学习进度、兴趣点以及成长轨迹，从而为教师提供更加精准的教学指导。通过智能化的推荐系统，学生可以获得个性化的学习资源，更好地满足他们的学习需求。例如，系统可以根据学生的学习情况，推荐适合他们的国防教育课程和学习资料；可以根据学生的兴趣点，组织相关的国防教育活动和实践项目。这种个性化的教学方式，能够提高学生的学习积极性和主动性，提升国防教育的效果。

五、加强国际交流与合作

加强与国际教育机构的交流与合作，是提升国防教育水平的重要途径。学校定期举办国际国防教育论坛，邀请国内外的专家学者共同探讨国防教育的未来发展趋势，借鉴国际上先进的国防教育理念和方法设置课程。通过国际交流，了解不同国家的国防教育模式和经验，为我国的国防教育事业注入新的活力。

六、营造校园文化氛围

在校园文化氛围的营造上，学校强化军人风格的渗透，定期举办军人风格主题班会、国防知识讲座等活动，让学生在浓厚的国防教育氛围中不断成长。同时，学校还鼓励学生积极参与国防教育相关的社会实践活动，如志愿服务、军事夏令营等，通过实践锻炼提升学生的国防素养和综合能力。

此外，学校创新性地将军人精神具象化为"军魂十训"，包括"被褥方正显品格""行进队列如标尺"等，以此提升学生的综合素质。数据显示，国防预备班学生通过每日"豆腐块"被褥整理，纪律性测评得分较普通班高38%；国旗护卫队成员在市级队列会操中连续三年蝉联冠军，其"0.2秒精准旗动"技术成为区域示范项目。

七、构建特色培养体系

（一）体能训练体系

学校构建了"三级训练体系"，提升学生的体能和意志品质。每天早上进行跑步训练，男生跑1500米，女生跑1200米；开展"军事障碍挑战赛"，设置4.2米高的爬墙、30米的低姿匍匐等8个挑战项目；组织"48小时野外生存训练"，让学生在野外完成定向越野、野炊等任务。数据显示，2024级新生经过这些训练后，800米跑成绩达到优秀的比例从23%提高到了61%，心理韧性也提升了42%。

（二）拳术训练体系

学校开发了拳术训练体系，采用"三阶九段"进阶模式。基础段学生学习军体拳十六式，每周3课时；精进段学生开展匕首操专项训练，融入战术配合；高阶段实施实战对抗训练，配备专业护具进行情景模拟。此外，学校还特别开发了"胫骨强化训练包"，包含沙袋绑腿行走（每日30分钟）、胫骨拍打操（早晚各50次）等专项练习。2024年体质监测显示，学生下肢力量平均提升27%。拳术训练与国防教育课程相结合，通过模拟实战情景，提升了学生的自我保护能力和危机应对技巧。

（三）精神文化培养

学校注重精神文化培养，通过举办"军人精神演讲比赛""国防知识主题班会"等活动，引导学生形成正确的历史观、国家观、民族观，激发他们的爱国情怀。学校还开设"心理素质训练"课程，通过角色扮演、情境模拟等方式,增强学生面对压力的心理调适能力和团队协作意识。在校园内,随处可见的励志标语、军旅文化墙,以及定期举行的升旗仪式,都在不断强化这种氛围,使军人风格的培养深入人心。

通过以上多方面的应对措施,学校构建起了全方位、多层次的国防教育新生态,为新时代青少年的成长奠定了坚实的基础,以期培养出更多具有坚定信念、顽强意志和强烈责任感的社会主义建设者和接班人。

第七章

辐射效应与社会价值

第一节　区域示范作用：带动周边学校全面发展

学校国防教育特色课程所取得的显著教育成果，在区域内起到了强大的示范作用，有力地带动了周边学校的全面发展。

学校通过与周边学校开展广泛而深入的交流合作，毫无保留地分享教育经验和资源，为其他学校在国防、心理健康、家庭、体育、科技、艺术、品德等多个教育领域的发展注入了新的活力。这种深度合作模式，使得学校的国防教育经验在区域内形成了广泛的辐射效应。

2024年，这一辐射效应初显成效，我校周边12所学校相继建立国防特色班级。这些学校借鉴我校的成功经验，将培养军人风格的理念和实践融入日常教学中，让学生们在学习和生活中感受到军人的坚韧、自律和团结。另外，我校与西藏德庆区堆龙第二中学建立的共建关系是一次跨越地域的教育融合。堆龙第二中学积极引入我校的国防教育模式，并结合自身地域特色和文化传统，推动了校园文化的多元化发展。

在共建过程中，我校与堆龙第二中学定期开展教师互访和学生交流活动。教师们相互学习、相互借鉴，共同探讨教学方法和课程设计；学生们则通过交流，拓宽了视野，增进了友谊。我校与堆龙第二中学共同举办的军事技能竞赛和国防知识讲座更是让学生们在实践中增强了国防意识，激发了他们的爱国热情。这些活动不仅丰富了学生们的校园生活，也为军民融合教育的发展搭建了坚实的桥梁。在两校的共同努力下，堆龙第二中学拟在2026年被评为地区级国防教育示范学校，这无疑是对两校合作成果的高度认可。

2025年，我校的国防教育项目将继续扩大影响，成功将合作学校数量增至18所。学校之间互派师资交流学习，共享课程资源，旨在实现教育内容的互补和优化。这种合作模式，让各校能够充分发挥自身的优势，共同提升教育教学质量。例如，有的学校在体育方面有特长，就可以为其他学校提供体育教学方面的支持和指导；有的学校在科技教育方面有丰富的经验,就可以分享科技教育资源和创新的教学方法。

这种区域示范和合作发展不仅有利于提升周边学校的整体教育水平,也有利于区域教育事业的均衡发展,让更多的学生能够在优质的国防教育中受益,培养出更多具有坚定信念、顽强意志和强烈责任感的新时代青少年,为国家的繁荣富强和民族的伟大复兴奠定坚实的基础。

第二节 军民融合新场景：共筑国防教育新篇章

军民融合，为国防教育开辟了全新的场景，成为培养青少年国防意识、爱国情怀和优秀品质的重要途径。积极开展军民融合实践活动，增进青少年与部队官兵的互动交流，就犹如在青少年心中种下了一颗热爱国防、尊崇军人的种子。随着时间的推移，这颗种子必将生根发芽，茁壮成长。

一、联合军训：纪律与精神的洗礼

联合军训活动是军民融合的重要实践形式之一。部队官兵迈着整齐的步伐走进校园，他们身姿挺拔、眼神坚定，一举一动都散发着军人的威严与自信。在队列训练中，官兵们亲自指导学生，从站军姿、稍息、立正到齐步走、正步走，每一个动作都严格要求，每一个细节都耐心纠正。炎炎烈日下，学生们的汗水浸透了衣衫，但他们依然咬牙坚持，努力让自己的动作更加标准、更加规范。

军体拳的学习更是让学生们感受到了军人的力量与坚韧。官兵们示范的每一个动作都刚劲有力、虎虎生风，学生们在模仿、学习的过程中，不仅锻炼了身体，更培养了专注力和坚强的作风。通过联合军训，学生们亲身体验到了军人的严谨纪律和坚韧不拔的精神，明白了什么是令行禁止，什么是团结协作。

同时，学校也组织学生走进军营，参观部队的训练和生活环境。在军营里，学生们看到了整齐划一的营房、先进的武器装备和紧张有序的训练场景。他们与官兵们交流谈心，了解军人的日常训练和生活情况，进一步加深了对国防事业的理解和认同。这种亲身体验让学生们深刻认识到，国防事业是国家安全的重要保障，每一个军人都在为了国家的和平与稳定默默奉献着。

二、军事体验：实践与思维的提升

军事体验活动则更加注重实践操作和亲身体验。在模拟军事演习中，学生们被分成不同的小组，扮演不同的角色，在教官的指导下进行战术部署和作战行动。他们需要分析战场形势、制订作战计划、协调团队行动，每一个环节都需要高度的战略思维和团队协作能力。

在战术部署环节，学生们要根据地形、敌情等因素，合理安排兵力，选择最佳的作战时机和方式。通过实际操作，学生们对国防知识有了更直观、深刻的理解，明白了国防不仅仅是军队的事情，更是每一个公民的责任和义务。

军事体验活动激发了学生们对国防事业的浓厚兴趣和热情。许多学生表示，通过参加军事体验活动，他们更加坚定了自己将来投身国防事业的决心。

三、拥军优属：温暖与关怀的传递

拥军优属活动是军民融合实践中的另一项重要内容。学校组织学生走进部队官兵的家庭，开展慰问和帮扶活动。学生们为官兵家属送去了生活用品和慰问品，与他们亲切交谈，了解他们的生活情况和需求。

在与官兵家属的交流中，学生们更加深入地了解到了军人背后的艰辛付出和伟大牺牲。军人们为了国家的安全和稳定，常年坚守在岗位上，与家人聚少离多。他们的家属不仅要承担家庭的重担，还要默默支持军人的工作。学生们被军人家属的奉献精神所感动，纷纷表示要向他们学习。

拥军优属活动让官兵们感受到了来自社会的温暖和关怀，也让学生们更加珍惜和平的生活。同时，这种活动进一步增强了学生们的国防意识和爱国情怀，让他们明白，国防事业离不开每一个公民的支持和参与。

军民融合新场景为青少年国防教育提供了广阔的平台和丰富的资源。通过联合军训、军事体验、拥军优属等活动，学生们近距离地感受到军人的风采，增强了国防意识和爱国情怀，学习了军人的专注力、坚强作风和军人风格的养成方法。

第三节　精神传承长效机制：铸就青少年全面发展之魂

构建国防教育与心理健康、家庭、体育、科技、艺术、品德等其他教育领域相融合的精神传承长效机制，能为青少年的成长铺就一条坚实而宽广的道路，这对他们的未来发展有着不可估量的深远意义。

当国防教育与心理健康教育深度融合，学生们在感受军人坚韧不拔的精神的同时，也学会了如何面对挫折与压力，培养了强大的心理素质。在面对学习和生活中的困难时，他们不再轻易退缩，而是像军人一样勇往直前，以积极乐观的心态去迎接挑战。这种心理素质的提升，将成为他们未来人生道路上的宝贵财富，助力他们在各种复杂环境中都能保持冷静与坚定的心态。

家庭是孩子成长的第一课堂，国防教育与家庭教育的结合，让家庭成为传承军人精神的重要阵地。家长通过参与相关活动，了解国防教育的重要性，将军人的自律、担当等品质融入日常家庭教育中，引导孩子树立正确的价值观和道德观。孩子在家庭中感受到军人文化的熏陶，从而在潜移默化中形成良好的行为习惯和道德品质。

体育、科技、艺术等领域与国防教育的融合，更是为学生们打开了多元发展的大门。在体育活动中，学生们通过军事化的训练项目，锻炼了体魄，培养了团队协作精神和竞争意识；在科技领域中，国防科技的魅力激发了学生们的创新思维和探索欲望，让他们明白科技对于国防的重要性；在艺术活动中，以国防为主题的创作让学生们用独特的方式表达对军人精神的崇敬与理解。

而品德教育与国防教育的紧密结合，则进一步强化了学生们的社会责任感和使命感。通过拳术等训练，学生们不仅锻炼了身体，更在一招一式中领悟军人的专注力和坚强作风。每一次出拳、每一次踢腿，都仿佛在锤炼他们的意志，从而打造出坚不可摧的军魂。

这种全方位、多层次的精神传承长效机制，帮助学生树立了正确的价值观和道德观，增强了他们的心理素质和社会适应能力，全面提高了学生的综合素质。它为学生们的未来发展奠定了坚实的基础，让他们在未来的人生道路上，无论遇到何种艰难险阻，都能凭借坚定的信念、顽强的意志和优秀的品质，披荆斩棘，勇往直前，成为国家的栋梁之材，为实现中华民族伟大复兴的中国梦贡献自己的力量。

第八章

未来图景，智能时代的国防教育

第一节 技术赋能方向：开启智能时代国防教育新征程

在科技浪潮汹涌澎湃的智能时代，国防教育特色课程正站在变革的关键节点上。未来的国防教育特色课程，必须紧跟时代步伐，积极融合新技术、新内容，以适应新时代青少年成长的需求和国家发展的战略要求。

一、新技术赋能教学方法创新

人工智能、虚拟现实、大数据等新兴技术的崛起，为国防教育带来了前所未有的机遇。利用人工智能技术，我们可以开发智能教学系统，根据学生的学习进度、兴趣爱好和认知水平，为其量身定制个性化的学习方案。例如，智能辅导系统可以实时解答学生在国防知识学习中的疑问，提供精准的学习建议；智能评估系统则能够全面、客观地评价学生的学习成果，为教师调整教学策略提供依据。

虚拟现实技术则为国防教育打造了一个沉浸式的学习环境。其可以通过创建逼真的战场场景、军事装备模型等，让学生身临其境地感受军事行动的紧张与刺激，增强学习的代入感和体验感。比如，在学习军事战术时，学生可以利用虚拟现实设备进入虚拟战场，亲身体验不同战术的运用效果，从而更深刻地理解战术原理。这种沉浸式的学习方式不仅能够提高学生的学习兴趣和参与度，还能培养他们的应变能力和团队协作精神。

大数据技术则为国防教育提供了强大的数据支持。通过收集和分析学生的学习数据，我们可以深入了解学生的学习行为和需求，发现教学中存在的问题和不足。例如，通过分析学生在在线学习平台上的学习记录，我们可以了解学生对不同知识点的掌握情况，及时调整教学内容和方法；通过分析学生的考试成绩和作业完成情况，我们可以发现学生学习的薄弱环节，为其提供有针对性的辅导。

二、新内容拓宽学生视野

除了新技术的融合，国防教育特色课程还应引入国防科技、国际形势、网络安全等新内容，以拓宽学生的视野，培养他们的战略思维和创新能力。

国防科技是现代战争的核心力量，将国防科技知识纳入国防教育课程，可以让学生了解我国国防科技的发展历程和最新成果，激发他们对科学技术的兴趣和热爱。例如，介绍我国的航母、隐形战机、导弹防御系统等先进武器装备，可以让学生了解其原理、性能和作用，培养他们的科技素养和创新意识。同时，引导学生关注国防科技的前沿动态，鼓励他们积极参与科技创新活动，为我国的国防现代化建设贡献力量。

国际形势风云变幻，将国际形势分析纳入国防教育课程，可以让学生了解世界格局的变化和我国在国际舞台上的地位和作用，培养他们的全球视野和战略思维。例如，分析当前国际热点问题，如地区冲突、贸易摩擦等，让学生了解其背后的政治、经济、军事等因素，引导他们从战略高度思考问题，提高他们的分析能力和解决问题的能力。

网络安全已成为国家安全的重要组成部分，将网络安全知识纳入国防教育课程，可以让学生了解网络安全的重要性和面临的威胁，培养他们的网络安全意识并提高防范能力。例如，介绍网络攻击的手段和防范方法，让学生了解如何保护个人信息和网络安全；开展网络安全实践活动，让学生亲身体验网络安全防护的过程，提高他们的实际操作能力。

三、优化军人风格培养方式

在融合新技术、新内容的同时，我们还应进一步优化军人风格培养的方式方法，使其与现代教育技术更好地结合。军人风格培养是国防教育的重要内容，它不仅能够培养学生的纪律意识、团队精神和责任感，还能塑造他们坚韧不拔、勇于担当的品格。

利用现代教育技术，我们可以采用线上、线下相结合的教学模式，丰

：新时代青少年国防教育实践探索

富军人风格培养的途径。在线上，我们可以通过网络平台提供丰富的学习资源，如军事纪录片、英雄事迹报告等，让学生自主学习军人的优秀品质和精神风貌；在线下，我们可以组织军事训练、实践活动等，让学生在亲身体验中感受军人的严谨作风和坚韧意志。

此外，我们还可以引入游戏化的教学理念，将培养军人风格的内容融入游戏中，让学生在轻松愉快的氛围中学习和成长。例如，设计军事主题的游戏，让学生在游戏中扮演军人角色，完成各种任务和挑战，提升他们的团队协作能力和应变能力。

四、构建多元化评价体系

为了确保课程升级的效果，我们还应构建多元化的评价体系。传统的以考试成绩为主的评价方式已经不能满足新时代国防教育的需求，我们应综合考虑学生的学习过程、实践能力、创新精神等多个方面，采用多元化的评价方法。

例如，除了考试成绩外，我们还可以评价学生在军事训练、实践活动、小组讨论等活动中的表现，了解他们的团队协作能力、沟通能力和解决问题的能力；评价学生的创新作品和科研项目，了解他们的创新能力和实践能力。通过多元化的评价体系，我们可以全面、客观地评价学生的学习成果，为他们的未来发展提供准确的指导。

在智能时代，技术赋能为国防教育带来了新的机遇和挑战。我们应积极融合新技术、新内容，优化军人风格的培养方式，构建多元化评价体系，推动国防教育特色课程的升级和发展，为培养具有爱国情怀、创新精神和实践能力的新时代青少年贡献力量。

第二节 生态化构建：拓展智能时代国防教育新维度

生态化构建已经成为推动国防教育高质量发展的关键路径。构建"大教育"生态圈，将国防教育与其他教育内容延伸至家庭、社会，形成全方位、多层次的教育体系，是适应新时代发展需求、培养具有全面素养和国防意识的青少年的必然选择。

一、延伸教育触角，融入家庭与社会

家庭是孩子成长的第一课堂，社会则是锻炼能力的大舞台。将国防教育融入家庭和社会，能够让学生在更多元的场景中接受熏陶和锻炼。通过开展社区活动、志愿服务、科普宣传等活动，学生们有机会走出校园，在社会实践中锻炼自己的能力，增强社会责任感，在更广阔的天地中践行军人风格。

社区活动可以成为国防教育的重要载体。例如，组织社区国防知识讲座，邀请退役军人或国防专家为居民和学生讲解国防历史、军事战略等知识，让大家了解国家安全的重要性和国防建设的伟大成就。另外，还可开展社区军事技能体验活动，如模拟射击、队列训练等，让学生们在轻松愉快的氛围中感受军人的训练生活，培养学生们的纪律意识和团队协作精神。同时，鼓励学生们参与社区的安全巡逻、环境整治等志愿服务活动，让他们在实践中学会担当，增强对社会的责任感。

科普宣传也是国防教育融入社会的重要途径。利用社区宣传栏、社交媒体等平台，宣传国防科技知识、国际形势等内容，提高居民和学生的国防意识。可以制作国防教育主题的宣传海报、拍摄相关视频等，在社区、学校、公共场所等地进行展示和播放，营造浓厚的国防教育氛围。此外，还可以组织学生开展国防科普宣传活动，如走进社区、学校、企业进行宣

讲，向他人传播国防知识，培养他们的表达能力和社会责任感。

二、加强多方合作，搭建实践平台

加强与社区、企业、部队等社会各界的联系，建立国防教育基地和校外实践平台，是为学生提供更多实践机会，让学生在真实环境中感受国防教育重要性的有效举措。

与社区合作，可以充分利用社区的资源和场地，建立社区国防教育基地。在社区活动中心设置国防教育展览区，展示军事装备模型、国防历史图片等资料，让学生们在参观学习中了解国防知识。利用社区的广场、公园等场地，开展军事训练、户外拓展等活动，培养学生们的意志品质和团队协作能力。

与企业合作，可以为学生提供接触先进科技和了解国防工业发展的机会。例如，组织学生参观军工企业，了解武器装备的研发生产过程，感受科技对国防建设的强大支撑。企业还可以为学生提供实习岗位，让他们在实践中学习专业的知识和技能，培养创新精神，提升实践能力。

与部队合作是国防教育生态化构建的重要环节。建立部队与学校的共建关系，邀请部队官兵走进校园，为学生开展军事训练、国防知识讲座等活动。同时，组织学生走进军营，参观部队的训练和生活环境，与官兵们交流互动，亲身感受军人的严谨作风和奉献精神。部队还可以为学校提供军事训练场地和器材，支持学校开展国防教育活动。

三、举办特色活动，营造教育氛围

举办国防教育文化节、国防知识竞赛等活动，是营造浓厚的国防教育氛围、让国防教育成为全社会共同关注的事业的重要手段。

国防教育文化节可以涵盖多个方面的内容。举办国防主题文艺演出，通过歌曲、舞蹈、小品等形式，展现军人的风采和国防建设的成就，激发观众的爱国情怀。开展国防科技展览，展示我国国防科技的最新成果和发展趋势，让观众了解科技对国防的重要性。举办国防教育论坛，邀请专家学者、部队官兵、学生代表等共同探讨国防教育的发展方向和实践经验,促进国防教育的交流与合作。

国防知识竞赛则可以以学校、社区为单位组织,通过初赛、复赛、决赛等环节,选拔出优秀的选手和团队。竞赛内容可以包括国防历史、军事理论、国防法规等方面的知识,通过竞赛的形式,激发学生们学习国防知识的积极性和主动性。同时,对在竞赛中表现优秀的选手和团队进行表彰和奖励,树立榜样,带动更多的人关注国防教育。

此外,还可以利用互联网平台开展线上国防教育活动,如举办国防知识网络竞赛、开设国防教育网络课程等,扩大国防教育的覆盖面和影响力。通过这些特色活动,让国防教育深入人心,成为全社会共同关注和支持的事业。

第三节　人才培育愿景：塑造全面发展的新时代栋梁

培养全面发展的新时代人才已然成为当下国防教育的核心愿景。这一愿景并非局限于某一所学校，而是整个国防教育事业所肩负的崇高使命。培养全面发展的新时代人才，不仅是应对复杂多变的国际形势、维护国家安全的迫切需求，更是推动社会进步、实现民族复兴的关键所在。

一、深化课程改革，筑牢人才培育根基

国防教育特色课程是培养新时代人才的重要载体，持续深化课程改革是达成人才培育愿景的必由之路。在课程内容上，应紧跟时代步伐，紧密结合国家发展战略和国防现代化建设需求，不断更新和完善知识体系。一方面，要强化传统国防知识的传授，如军事历史、军事战略、武器装备等，让学生了解国防的重要性和我国国防建设的伟大成就，增强他们的家国情怀和国防意识。另一方面，要注重融入现代科技元素，如人工智能、量子通信、网络安全等前沿知识，拓宽学生的视野，培养他们的科学文化素养和创新能力。

在教学方法上，要积极创新，摒弃传统的灌输式教学，采用启发式、探究式、体验式等多种教学方法，激发学生的学习兴趣和主动性。例如，通过组织军事模拟演练、国防科技实验等活动，让学生在实践中亲身体验和学习，提高他们的动手能力和解决实际问题的能力。同时，要充分利用现代信息技术，打造线上、线下相结合的教学模式，为学生提供更加丰富、便捷的学习资源和学习渠道。

二、创新教育模式，激发人才成长活力

创新教育模式是培养全面发展新时代人才的关键环节。要打破学科壁垒，推进国防教育与其他学科的深度融合，形成跨学科的教育模式。例如，将国防教育与历史、地理、物理、化学等学科相结合，让学生从不同角度了解国防知识，培养他们的综合素养和跨学科思维能力。

此外，还应注重个性化教育，根据学生的兴趣、特长和发展需求，制定个性化的教育方案，满足不同学生的学习需求。对于对军事科技感兴趣的学生，可以为他们提供更多的科研机会和实践平台，鼓励他们参与国防科技项目的研究和开发；对于具有领导才能的学生，可以组织他们参与军事训练和团队管理活动，培养他们的组织协调能力和团队合作精神。

同时，要加强国际交流与合作，借鉴国外先进的国防教育理念和经验，拓宽学生的国际视野。通过组织学生参加国际军事交流活动、国际国防知识竞赛等，让学生了解国际形势和军事领域发展动态，培养他们的全球意识和国际竞争力。

三、提高教育质量，确保人才培育成效

提高教育质量是培养全面发展新时代人才的重要保障。要加强师资队伍建设，提高教师的国防素养和教学能力。一方面，要选拔具有丰富军事经验和专业知识的教师承担国防教育课程的教学工作；另一方面，要加强对现有教师的培训和考核，定期组织他们参加军事培训和学术交流活动，不断更新他们的知识结构和教学理念。

要建立健全教育质量评估体系，对国防教育课程的教学效果进行全面、客观、公正的评价。评估指标不仅要包括学生的知识掌握程度，还要涵盖学生的实践能力、创新能力、团队协作能力等方面。通过评估结果，及时发现问题和不足，调整教学策略和方法，不断提高教育质量。

四、融入军人精神，塑造人才优秀品格

让学生具备军人专注力、坚强作风和军魂是培养全面发展新时代人才的重要目标。军人的专注力体现在对任务的执着追求和高度负责的态度上，培养学生的专注力可以让他们在日常的学习和生活中更加专注、高效。通过军事训练和日常行为规范，让学生学会集中精力完成任务，克服易分心和浮躁的缺点。

军人的坚强作风是指面对困难和挫折时不屈不挠、勇往直前的精神品质。在国防教育中，要设置一些具有挑战性的任务和活动，让学生在克服困难的过程中锻炼自己的意志品质，培养他们坚韧不拔的精神。

军魂是一种忠诚于国家、勇于担当、无私奉献的精神。通过国防教育，让学生了解军人的使命和责任，激发他们的爱国热情和社会责任感，让他们在学习和生活中自觉践行军魂，成为有理想、有道德、有文化、有纪律的新时代人才。

培养全面发展的新时代人才是国防教育事业的神圣使命。我们要继续深化国防教育特色课程改革，创新教育模式，提高教育质量，在学生身上深度融入军人精神，为国家培养更多具有家国情怀、国防意识、科学文化素养和综合能力的新时代人才，为实现中华民族伟大复兴的中国梦贡献力量。

附 录

附录一 《中华人民共和国国防教育法》要点

根据新修订的《中华人民共和国国防教育法》（自 2024 年 9 月 21 日起施行），关于中小学国防教育的内容主要包括以下要点。

一、课程设置与教育体系

（一）小学和初级中学

课程融入：将国防教育内容纳入相关课程，结合课堂教学与课外活动，培养小学生的国防意识，使初中生掌握初步的国防知识与技能。

少年军校活动：可组织以国防教育为主题的少年军校活动，并由教育行政部门、共青团等加强指导与管理。

校外辅导员：可根据需要聘请校外辅导员，协助开展多样化的国防教育活动。

（二）高中阶段学校

专门课程内容：在相关课程中安排专门的国防教育内容，结合课堂教学与军事训练，使学生掌握基本国防理论、知识和技能，树立国防观念。

二、军事训练要求

学生军训：普通高等学校和高中阶段学校需按照军事训练大纲加强军事技能训练，磨炼学生意志品质，增强组织纪律性。

大纲制定：军训大纲由国务院教育行政部门与中央军委有关部门共同制定。

三、教育师资保障

教员选拔：国防教育教员应从热爱国防教育事业、具备国防理论知识和军事技能的人员中选拔，同等条件下优先招录退役军人。

四、教育形式拓展

兵役宣传结合：明确要求学校国防教育应与兵役宣传教育相结合，强化学生的国防义务意识。

实践与创新：鼓励通过少年军校、红色主题活动（如以皮影戏演绎国防故事）等多样化的形式深化教育效果。

五、法律责任与保障

社会协同：教育行政部门、共青团等需共同参加国防教育活动的指导与管理。

监督机制：依法追究公职人员在国防教育中失职的责任，构成犯罪的追究刑事责任。

六、总结

此次修订通过完善课程体系、强化军事训练、优化师资队伍、创新教育形式等"加法"，构建了从小学到高校的衔接性国防教育体系，旨在系统性提升青少年的国防素养与爱国意识。更多法条细节可参考《中华人民共和国国防教育法》第十四条、第十五条、第十九条及第三十四条等具体条款。

附录二　河东中学学生成长档案精选

学生姓名：江×良

班　　级：国防预备班（七年级/八年级/九年级）

入学时间：2016年9月

档案编号：HD-GF-20160301

一、学生基本信息

1. 基础信息

性别：男

健康状况：良好（入学体能测试：肺活量2100毫升，100米成绩为16秒）

家庭背景：个体工商户

2. 国防班选拔情况

选拔依据：体能达标（引体向上4个，仰卧起坐30个）、思想品德评分（80分）、学科综合素养

入班时间：2016年9月

写入档案时间：2022年8月

成长阶段：2016年9月广州市从化区河东中学—2019年9月广州市第二中学—2022年9月华南理工大学

二、蜕变历程记录

1. 行为习惯养成

时间段	表现记录	考核评分	备注
入学初期	内务整理超时（25分钟/次）、队列动作不规范（扣分3次/周）	75分（C级）	
第一学期末	内务达标（20分钟内完成，获"内务标兵"称号2次）、纪律扣分降至0次/周	92分（A级）	
第二学年	担任宿舍内务督导员，指导新生完成军事化内务规范	持续优秀	

典型案例：

原拖延问题严重，通过军事化时间管理训练，制定个人作息表（早6：45起床整理内务，晚9：50熄灯），学期末获"自律之星"称号。

2. 军事素养提升

项目	初始水平	阶段性成果	最终目标	备注
队列训练	动作松散，协调性差	入选国旗护卫队，担任升旗手	校级队列比赛标兵	
体能素质	引体向上0个，800米成绩为4分30秒	引体向上8个，800米成绩为3分50秒（进步率40%）	达到国防班体能达标标准	
军事理论	国防知识测试60分	参与"国防知识竞赛"，获校级二等奖	熟读《国防教育读本》全册	

3. 精神品质塑造

抗压能力：首次15公里拉练中途放弃 → 第三次拉练全程完成（用时2小时15分），获"毅力勋章"奖项。

团队协作：

在"军事拓展训练"中带领小组完成障碍赛（团队总分第一名）。

爱国情怀：

参与"老兵访谈"后撰写《一封写给边防战士的信》，入选校国防教育文集。

4. 荣誉与成就

时间	奖项/活动	级别	证明材料	备注
2018年9月	国防教育主题演讲比赛一等奖	校级	证书（编号：HD-JF-××）	
2020年3月	区级青少年军事技能大赛"战术包扎"优胜奖	区级	奖状/照片	
2021年5月	担任"航天精神耀神州"科普活动志愿者	社会实践	活动记录表	

三、学期评估与反馈

1. 教官评语（2017—2019学年）：

"该生从纪律意识薄弱到主动承担班级管理职责，展现了国防教育对责任感的培养成效。建议加强战术指挥类课程学习，发挥领导潜能。"

2. 班主任总结：

"学科成绩提升显著（总排名前进15名），尤其在历史、物理课程中结合国防案例的学习表现突出。"

3. 家长反馈：

"孩子在家主动整理房间，关注时事新闻，责任感明显增强，感谢学校的国防教育模式。"

四、未来培养方向

短期目标：通过"军事科技创客"选修课掌握基础无人机操作技能。

长期规划：报考国防科技大学或参军入伍，投身国防事业。

档案管理人：赖教官、邹教官（教官/班主任）。

更新日期：2018年7月1日。

档案说明

1. 本档案动态记录学生成长，每学期更新一次；
2. 结合《河东中学国防教育评价标准》量化考核；
3. 作为学生综合素质评价的重要依据，纳入毕业档案。

该档案通过数据化对比和多维度评价，直观呈现学生在国防教育中的蜕变过程，既体现个体成长，又契合学校"半军事化+分层培养"的教育理念。

附录三 河东中学的共建模式

广州市从化区河东中学在推进国防教育的过程中,通过多方合作与资源整合,形成了校际、军地、社会联动的共建模式,具体表现在以下几个方面。

一、与高校及中学联盟合作

(一) 与广州大学附属中学共建国防教育体系

自 2016 年起,河东中学在广州大学附属中学的指导下,引入其国防教育课程体系和军事拓展模式,成立了国防预备班,并将国防教育融入学科教学和课外活动。双方还联合开展"国防教育联盟"评估验收,河东中学于 2018 年被评为"国防教育生源基地"。通过探索,双方成功构建了课程互通、资源共享的合作机制。

(二) 高校联动开展实践活动

河东中学与广州南洋理工职业学院军政教导大队合作,引入退役军人担任教官,共同设计半军事化管理和军事训练课程,提升学生的纪律性和国防技能。此外,2017 年起,我校组织学生参与广州南洋理工职业学院每年的国防教育活动,并与该学院共同建立爱国主义教育基地。

二、军地协同共建

(一) 部队与军校资源引入

从化区人民武装部、驻军部队及退役军人事务局为学校提供教官支持,并组织学生参观军事基地、参与军事技能展示活动。例如,学校邀请原空军飞行员、特战学院专家开设讲座,讲述国防科技与英雄故事。

(二) 共建国防教育基地

2022 年,从化区成立"关心下一代工作委员会青少年国防教育基地",联合退役军人事务局、教育局等部门,组织学生参观老兵荣誉室、军事模型展览,并开展模拟防空洞体验等活动,深化实践教育。

三、跨区域教育合作

(一) 红色教育资源互通

学校利用广州丰富的红色资源,如革命烈士纪念碑、红色文化展馆等,开展户外党史和国防教育活动。例如,组织学生参与"学党史·缅先烈"主题活动,将课堂延伸至红色教育基地,增强教育的感染力。

(二) 与省内外学校经验共享

河东中学的国防教育模式被推广至其他地区,如湖南省常德市通过跨区教育合作机制借鉴经验,开展"云端"国防教育课,实现异地联动教学。

四、社会力量参与

(一) 联合社会组织与社区

学校与区融媒体中心、关心下一代工作委员会等合作,通过线上平台推广国防教育课程,并组织青少年入户探访功勋老兵,将国防教育与社区活动相结合。

(二) 家校协同机制

在国防预备班选拔中,学校明确需监护人同意,并通过家长会、家校互动活动强化家庭对国防教育的支持,形成教育合力。

五、成效与示范作用

通过共建模式,河东中学的国防教育成果显著,先后获评"全国国防教育特色学校""全国国防教育示范学校""广东省国防教育典型案例学校""广州市红色示范学校"等称号,并成为区域国防教育领域的标杆。其经验被省内外多所学校借鉴,如广东外语外贸大学从化实验中学、广州英豪学校、从化博大学校、韶关始兴县始兴中学、韶关始兴县顿岗中学、韶关始兴县马市中学、韶关始兴县隘子中学、江门市台山广海中学、肇庆市怀集第一中学、西藏德庆区堆龙第二初级中学等。

综上,河东中学通过校际联盟、军地协同、跨区合作及社会联动,形成了多层次、立体化的国防教育共建体系,有效提升了学生的国防素养和爱国情怀。

附件:部分合作共建单位名录(排名不分先后)

序号	单 位 名 称	备 注
1	广州南洋理工职业学院军政教导大队	
2	从化区人民武装部	
3	江门市台山广海中学	
4	从化博大学校	
5	西藏德庆区堆龙第二初级中学	
6	韶关始兴县始兴中学	
7	韶关始兴县马市中学	
8	韶关始兴县隘子中学	
9	韶关始兴县顿岗中学	
10	肇庆市怀集第一中学	

附录四　河东中学国防教育特色课程活动剪影与校园文化建设

图1　井冈山红色之旅

图2　国防教育校园文化建设

图3　国防教育校园活动（一）

图4　国防教育校园活动（二）

图5　国防教育校园活动（三）

附 录

图6 学生绘画作品

图7 学校教官风采

图8 学校教官参加教官培训

：新时代青少年国防教育实践探索

图9 参加国防教育年度会议并获奖

图10 参加国防教育演讲比赛并获奖

图11 拥军优属

图12 刘水泉参加广东省全民国防教育中心从化培训基地揭牌仪式

图 13　与博大学校开展合作共建

图 14　广州大学附属中学　广州英豪学校　　图 15　与惠州市吉隆金山学校共建
　　　　从化区河东中学帮扶协议签字仪式

图 16　其他国防活动掠影（一）

图17 其他国防活动掠影(二)

图18 其他国防活动掠影(三)

图19 其他国防活动掠影(四)

图 20　其他国防活动掠影（五）

图 21　其他国防活动掠影（六）

图 22　荣获"全国国防教育示范学校"称号

图 23　取得的荣誉

图 24　扫一扫：国防教育视频资料

后记 让教育成为照亮学生成长道路的灯塔

在编写《热血铸魂：新时代青少年国防教育实践探索》这本书的过程中，我们仿佛置身于一片充满希望的教育田野，深刻领略到国防教育以及各类教育内容在青少年成长道路上所绽放出的璀璨光芒。每一字、每一句，都凝聚着我们对青少年成长的殷切期望和对教育事业的无限热忱。

国防教育，绝非仅仅是军事知识的传授，它更像是一把钥匙，能够打开青少年认识世界、理解国家的大门。在这个过程中，军人风格和作风所蕴含的独特价值，如同夜空中最亮的星，指引着青少年前行的方向。军人的专注力，那是一种对目标坚定不移、心无旁骛的执着，它能让青少年在学习和生活中，摒弃浮躁与懈怠，全身心地投入知识的海洋和实践的磨砺中。军人的坚强作风，是在面对困难与挫折时，不屈不挠、勇往直前的精神力量，它激励着青少年在成长的道路上，无惧风雨，勇敢地迎接每一个挑战。而军魂，那是一种忠诚于国家、奉献于人民的崇高精神，它将深深烙印在青少年的心中，成为他们一生的精神支撑。

我们衷心希望通过这本书，能让更多的人了解到国防教育特色课程的建设与实践。这不仅仅是为了推广某一所学校的经验，更是为了唤起全社会对国防教育的重视，推动国防教育与各类教育内容在更多学校的深度融合与全面发展。当国防教育与德育、智育、体育、美育等有机结合时，它们所产生的强大合力，将为青少年的成长注入源源不断的动力。

教育本应是照亮学生成长的灯塔，它不仅仅是知识的传授，更是品格的塑造、精神的滋养和灵魂的启迪。在这个信息爆炸、价值多元的时代，青少年面临着前所未有的诱惑和挑战。他们需要一盏明灯，指引他们在纷繁复杂的世界中，找到正确的方向，坚守自己的初心。而国防教育正是这盏明灯的重要组成部分，它让青少年明白，个人的成长与国家的命运紧密相连，只有心怀家国，才能拥有更广阔的天地和更深远的人生意义。

我们期待着，这本书的出版能够帮助培养出更多具有家国情怀、国防意识、创新精神和综合素养的时代新人。他们将成为国家的栋梁之材，在各自的领域发光发热，为实现中华民族伟大复兴的中国梦贡献自己的力量。让我们共同努力，让教育真正成为照亮学生成长的灯塔，引领着青少年走向更加美好的未来。